行政書士実務の教科書
外国人就労のための
入管業務

入門編

[第2版]

行政書士
飯田 哲也 著

税務経理協会

まえがき

　本書は，企業で就労する外国人の入国在留関係手続を初めて受任した行政書士の方々を対象としています。そこで，本書では手続の当事者である外国人の申請人ではなく，業務を受任した行政書士が案件の相談を受けてから許可を得るまでの業務フローを順番に解説します。読者の方に全く実務経験がないという前提で，行政書士が実際に実務を行う上で必要と思われることを本当に基礎的な部分から説明していきます。

　出入国管理及び難民認定法（以下，入管法）は 30 種類近くの在留資格を規定していますが，一般的に行政書士に依頼が来るのは外国人材が民間企業等で就労するために必要な「経営・管理」「技術・人文知識・国際業務」「企業内転勤」「技能」等の在留資格に限られます。そこで，本書ではこれから入管業務を始められる行政書士が受任する可能性の高い在留資格に絞って解説していきます。

　なお，本書の初版は 2019 年秋に刊行されましたが，その後，新型コロナウイルス感染症問題のため外国人の新規上陸が原則拒否されるという未曾有の事態が発生しました。しかし，これはコロナ禍が収束すれば撤廃される一時的な措置ですのであえて言及せず，この改訂版では初版刊行後に変更された法令や申請書書式等を最新版に差し替えて解説を加えています。

2021 年 11 月

行政書士　飯田　哲也

CONTENTS

まえがき

序　章　外国人就労と行政書士業務

第1章　入管業務の流れ

第2章　在 留 資 格

第3章　入国在留関係手続

第4章　申請書と提出資料

序章

外国人就労と行政書士業務

Ⅰ　外国人材雇用の増加

（1）　入国在留手続関係申請取次業務の将来性

　筆者が行政書士になった当時（2001年です），行政書士業務といえば建設業等の伝統的な許認可申請業務が中心で，入国在留手続関係申請取次業務（いわゆる入管業務）は，伝統的な許認可申請業務とは毛色の異なる新規業務という扱いでした。しかし，今やこの業務は，行政書士の中で最もポピュラーな分野のひとつであり，入管業務を専門分野と謳う行政書士事務所も数多くあります。また，少子高齢化が進み慢性的な労働力不足問題を抱える日本において外国人労働者のニーズは高まるばかりで，政府は今後も外国人労働者を受け入れるための在留資格新設や在留資格の申請要件緩和を続けるでしょう。そこで，入管業務は，今後も行政書士にとって最も重要かつ将来性のある業務であり続けると思われます。

　これから業務を始める新人行政書士や，これまで許認可申請業務等の他の分野の業務を中心に取り扱ってきた行政書士にとっても，入管業務は有望です。なぜなら，世界的に保護主義が台頭する中で，対日直接投資拡大・外国人労働者受入の施策を次々打ち出している日本は外国企業の進出先として注目を集めており，外国人を多数雇用する外国企業の日本子会社・支店が毎年多数新設されています。また，以前は外国人を雇用するなど夢にも思わなかったような（外資系ではない）日本の中小企業が，人手不足解消のため新たに外国人雇用を始める事例も増える一方です。

　まだ業務経験が浅い行政書士が，既に他の行政書士事務所と契約済みの企業や外国人から新たな案件を受任するのは容易ではなく，価格を下げるなど身を切るような提案をせざるを得ないかもしれません。しかし，入国在留手続関係申請取次業務においては，まだ他の行政書士事務所と契約関係のない外国企業

や外国人が次々と新たに日本にやってきますし，これから外国人材雇用に本腰を入れようとする日本企業も多数あるのですから，新人行政書士がこれほど新規参入しやすい行政書士業務は他にないと言えるでしょう。

（2）　入国在留関係手続申請取次業務のやりがい

　筆者が入国在留関係手続申請取次業務を新人や入管業務経験の浅い行政書士に勧めたいのは，新規参入余地が大きいというビジネス的な理由だけではありません。

　入管業務はとにかく「おもしろい」のです。行政書士として20年近くもの間，数多くの取次申請を受任してきましたが，未だにこの業務に飽きることはありません。入管業務で行政書士が顧客とするのは，申請人である外国人とその所属機関（外国人の日本での勤務先など，①外国人が在留資格に係る活動を行う本邦の公私の機関である「活動機関」と，②外国人が契約の相手方とする本邦の公私の機関である「契約機関」の2つの総称）ですが，外国人の経歴は多種多様で同じ経歴の人はただひとりもいません。また，外国人材を採用する所属機関である企業も，以前は外国人材を採用する業種は，金融，IT，外国料理レストラン等の特定の業種が多い傾向がありましたが，いまやあらゆる業種の企業が外国人材を採用するようになりました。

　外国人を多数採用する企業の業種の変遷は日本の経済のそれと軌を一にします。例えば，東日本大震災が起こった2011年3月以降，外資系企業の東京オフィスに転勤してくる外国人材は当然のことながら激減しました。しかし，筆者の事務所の入管業務は決してゼロにはなりませんでした。まず被災地を支援する海外のNGOが日本に進出し，被災地支援活動を指揮する外国人材の在留資格申請を依頼してきました。福島原発の後処理に関わる原子力発電の専門家の在留資格申請もありました。また，東日本大震災後に急激に高まった代替エネルギーの需要に応じるために日本政府が電力固定価格買取制度を開始したことに伴い，世界中の再生可能エネルギー発電企業が先を争うように日本に進出してきました。それに伴い筆者の事務所でもかつては見たことがなかったタイプの技術者（太陽光発電の専門家等）の在留資格申請が急増しました。

　また，昨今中国をはじめとする訪日外国人が日本経済の活性化に役立ってい

ますが，訪日外国人の増加がメディアで取り上げられるようになってから，筆者の事務所でも訪日外国人に関連して旅行会社，中国のクレジットカードを日本で使えるようにするためのフィンテック企業，また日本のホテルや旅館を買収したホテル運営企業等からの在留資格申請がここ数年増えています。

　このように入管業務は，日本の経済や社会の変遷と密接に関連しており，自分の仕事が日本の経済や社会にダイレクトに関わっていることが実感できるものと言えます。

Ⅱ　申請取次業務を行うために

（1）　申請取次行政書士についての説明

　入国在留関係申請は，原則として申請人本人が地方出入国在留管理局に出頭して申請書類を提出しなければならないとされています。

　しかし，地方出入国在留管理局より届出済証明書の交付を受けている行政書士は，申請取次行政書士として，申請人に代わって地方出入国在留管理局に申請することができます。

（2）　申請取次行政書士になるための手続の流れ
　　①　行政書士登録
　　②　行政書士申請取次事務研修会（新規）への申し込み
　　③　同研修会を受講し，後日，修了証書の送付
　　④　単位会[1] への申し込み
　　⑤　単位会より届出済証明書（ピンクカード）の郵送，受領
　　⑥　届出済証明書（ピンクカード）を提示の上，地方出入国在留管理局にて申請取次開始

（3）　行政書士申請取次事務研修会の流れ
　　行政書士申請取次事務研修会（新規）は，全国各地にて定期的に開催されて

1　単位会とは，各都道府県に設けられている行政書士会の総称です。例えば東京都内に事務所を構え行政書士登録をした場合の所属単位会は「東京都行政書士会」になります。

おり[2]，FAX での事前申込にて参加が可能です。行政書士登録をすると，日本行政書士会連合会発行の「月刊日本行政」が所属事務所まで届きますが，研修会の予定がある際には，その冊子内で行政書士申請取次事務研修会[3] の案内が掲載されます。ページの一部が申込票兼連絡票になっているので，切り取って記入後に全行団行政書士申請取次関係研修会受付係まで FAX 送信します[4]。その後，受講料振込方法を貼付した FAX が返信されますので，払込期限までに入金をすると，受付係より受講票の FAX が届き，申込の完了となります。

　研修会は 1 日（約 5~6 時間程度）の内容になります。流れとしては，提供される資料を元に申請取次実務についての講義を受け，講義終了後に効果測定（マークシートによるテスト）を行い[5]，終了となります。効果測定は後日採点され，基準点を下回ることが無ければ，修了証書が発行・送付されます。

（4）　届出済証明書（ピンクカード）の交付の方法

　行政書士申請取次事務研修会（新規）で受講後に発行された修了証書[6] と申込書類一式[7] を単位会宛に郵送をすると，手続がなされ，地方出入国在留管理局名義にて届出済証明書が交付され，単位会を通じて所属事務所宛てに郵送されます[8]。

2　同研修会は定期的に全国のどこか 1 箇所で開催されるので，最寄りの会場で開催されるのを待って受講することもできますし，遠方の開催地まで出向いて受講することもできます。すぐにでも取次業務を開始したい場合には，自身が行政書士登録をしている都道府県以外での開催であっても，近日中に開催される研修会の会場で受講することが可能です。

3　行政書士申請取次事務研修会（新規）と行政書士申請取次実務研修会（更新）は異なるので，必ず行政書士申請取次事務研修会（新規）に申し込むようにしてください。届出済証明書（ピンクカード）を取得後，更新のために受講するのが行政書士申請取次実務研修会（更新）です。

4　受講申込受付期間は短期間で，受付期間を過ぎると一切受け付けてもらえません。
　また，本書出版時点では FAX のみの受付となっています。

5　提供される資料の範囲は膨大ですが，講師の説明部分に絞ってよく聞いていれば効果測定に出題される内容は把握できます。よほど点数が悪くない限りは修了できますので，気負わずに臨むと良いでしょう。

6　修了証書は交付の日から 1 年を経過すると失効しますので，ご注意ください。

7　申込書類については必ず単位会に事前確認の上，お送りください。

8　届出済証明書を受領するまでは，書類を単位会に郵送してから 2 週間~1ヶ月程度かかります。

（5）　届出済証明書（ピンクカード）の更新時期及び方法

　届出済証明書の有効期間は 3 年ですので，有効期限の到来前に更新の必要があります。

　手順としては新規の場合とほぼ同様で，行政書士申請取次実務研修会（更新）への申し込み→同研修会を受講し，修了証書の交付→単位会に研修会の修了証書及び申込書類の送付→単位会より届出済証明書郵送→受領，という流れとなります。

　有効期間内に更新手続ができず，届出済証明書（ピンクカード）を失効させてしまった場合は，取次業務が行えなくなり，行政書士申請取次事務研修会（新規）への申込時点からのやり直しとなってしまいます。一度届出済証明書を失効させてしまうと新たな申請取次ができなくなるほか，自身で失効前に取り次いだ案件の結果受領さえもできなくなるため，申請人に地方出入国在留管理局へ出頭してもらい長時間拘束させてしまうといった不便をかけてしまうことになりますし，申請人が地方出入国在留管理局に出頭することができない場合には，他の申請取次行政書士に依頼してもらうという手配をしなければなりません。当然ですが，信頼を失い顧客を喪失する危機となります。入管業務においては依頼人の事情により 1 日を争う申請が多数ありますので，たった 1 日であっても取次業務が行えないということは行政書士にとって非常に痛手となります。

　研修会への参加については新規の場合と同様で，自身の行政書士登録のある都道府県での会場でなくとも受講が可能です。万が一，有効期限が差し迫っている場合には，高い遠征費を支払ってでも直近に開催される研修会への参加をした方が良いでしょう。

Ⅲ　主な在留資格の種類

　下の図は，主な在留資格の種類を示したものです。在留資格は「就労資格」「居住資格」「その他」に分けることができます。本書では，「就労資格」に含まれる在留資格の解説をしていきますが，注意が必要となる在留資格の説明を先にしておきます。

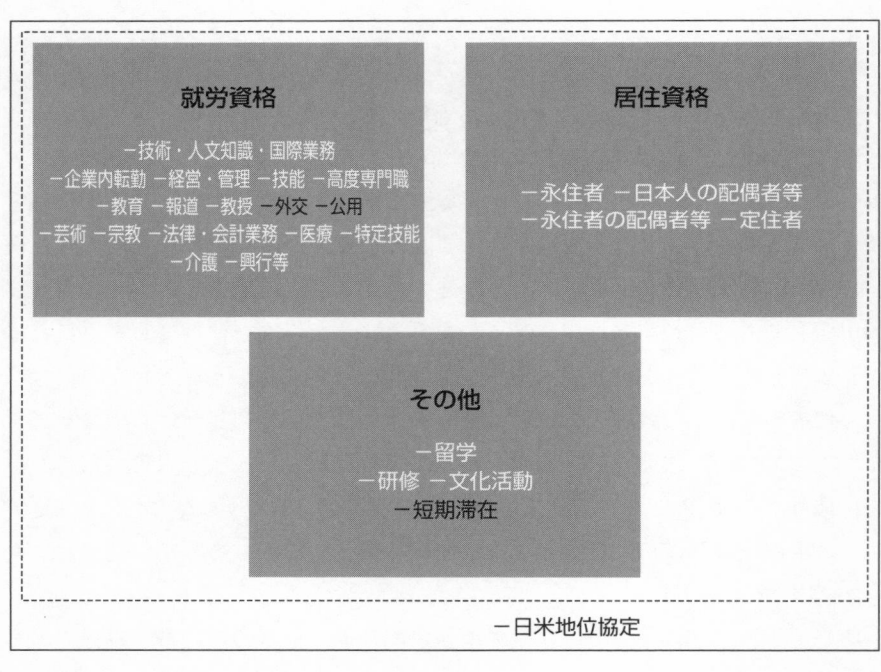

就労資格

　－技術・人文知識・国際業務
－企業内転勤 －経営・管理 －技能 －高度専門職
－教育 －報道 －教授 －外交 －公用
－芸術 －宗教 －法律・会計業務 －医療 －特定技能
－介護 －興行等

居住資格

－永住者 －日本人の配偶者等
－永住者の配偶者等 －定住者

その他

－留学
－研修 －文化活動
－短期滞在

－日米地位協定

※　外交／公用

　外交／公用の資格を得るための手続は行政書士による取次申請ができない取扱いとなっています。

　これに対して，公的機関を退職した外国人が「公用」から通常の就労資格（「技術・人文知識・国際業務」等）に在留資格変更許可を申請するときは，行政書士が取次申請可能です。

　ただ，外交／公用関係の手続はルールが必ずしも明確ではありませんので，その都度管轄の地方出入国在留管理局に確認したほうが無難です。

※　日米地位協定

　日米地位協定とは、「日本国とアメリカ合衆国との間の相互協力及び安全保障条約第6条に基づく施設及び区域並びに日本国における合衆国軍隊の地位に関する協定」のことです。同協定に基づき上陸する米軍関係者（米軍構成員や軍属等）には入管法が適用されず（同協定第9条）、米軍関係者は入管法上の在留資格を持たずに上陸することができます。そもそも入管法上の在留資格が必要ないため、同協定に基づき上陸する米軍関係者の呼び寄せにつき行政書士が関与することはありません。これに対して、同協定に基づき入管法上の在留資格を持たずに本邦に滞在している米軍関係者が退役等によりその地位を失った後も本邦にとどまりたい時は、日本で行う活動に該当する在留資格の取得申請をする必要があります。この申請は、行政書士が取次可能です。

※　短期滞在

　短期滞在は、「本邦に短期間滞在して行う観光、保養、スポーツ、親族の訪問、見学、講習又は会合への参加、業務連絡その他これらに類似する活動」が認められる在留資格で、一般的には「観光ビザ、短期商用ビザ、知人・親族訪問ビザ」等と呼ばれています。

　短期滞在の在留資格は、在留資格認定証明書交付申請の対象になりません。そこで、短期滞在の在留資格にて上陸するためには、原則としてあらかじめ本国等の日本大使館・領事館において「査証」取得の必要性があります。しかし、日本政府と査証免除協定を締結している「査証免除国」の旅券保持者はこの申請自体が不要となります。米国、EU諸国、シンガポール等のいわゆる先進国のほぼ全てが査証免除国となっています。ちなみに、訪日者数が最も多い中華人民共和国は査証免除国ではないため、中華人民共和国の旅券で本邦に入国するためには前もって査証申請の必要があります。

　また、査証免除国国籍者であっても、1回の上陸で認められる滞在日数は異なります。基本的には1回の上陸につき90日以内の滞在が認められていますが、ブルネイの場合は14日、タイ、インドネシアは15日、アラブ首長国連邦は30日と決められています。一方で、アイルランド、オーストリア、スイス、ドイツ、リヒテンシュタイン、英国、メキシコの旅券保持者の場合、上陸後90

7

日を超えて滞在したい際には 90 日経過前に地方出入国在留管理局において手続[9] を行えば，最大 6 ヶ月までの滞在が認められています。また，非査証免除国の旅券保持者は，あらかじめ在外公館にて申請した内容を元に在留期間が決定されます。

　査証免除協定は，日本と相手国の外交関係等諸般の事情によって変更があり得るため[10]，その都度外務省のウェブサイトにおいて確認されることを推奨します。

　最後に，クライアントより頻繁に質問を受けるのが，「外国人が数日間日本に滞在し，就労する予定があるが，就労ビザの申請が必要かどうか」という点です。たとえ滞在が数日であっても「報酬を得る活動」を行う場合には短期滞在で行い得る活動の範囲を逸脱するので，就労可能な在留資格を得ることが必要となります。しかし，入管法は短期滞在の在留資格で従事できる活動の範囲を詳細に規定していません。また，外務省や出入国在留管理庁に個別具体的な活動内容を明示して，これを短期滞在の在留資格で行っても良いか照会しても，明確な回答を得られることは稀です。そのため，外国人が比較的短期間の業務やプロジェクトで来日する際に短期滞在の在留資格で上陸しても良いか判断し難いことが少なくありません。下記の文章は外務省が公開している"短期滞在ビザを申請する手続の概要"の一文ですので，ご参照ください。

● 「短期商用等」の申請とは，次の目的による申請をいいます。
　○会議出席，文化交流，自治体交流，スポーツ交流等
　○商用目的の業務連絡，商談，契約調印，アフターサービス，宣伝，市
　　場調査等
● 「親族・知人訪問等」の申請とは，招へい人の親族（原則として，配偶
　者，血族及び姻族 3 親等内の方）や知人（友人を含む）を訪問する目的

9　この際の手続においては，行政書士による取次申請が可能となります。
10　例えば，年間訪日外客数が中華人民共和国と共に圧倒的に多い韓国が査証免除国となったのはつい最近の 2006 年のことです。観光立国を目指す日本政府の現在の方針として，免除国が減ることは考えにくいですが，相手国との外交状況によっては今後も免除国が増え続ける可能性は十分にあります。

　の申請をいいます。

● 「観光」の申請とは，観光を目的とする申請をいいます。

（注）　いずれの場合においても，日本国内において収入を伴う事業を運営
　　　　する活動または報酬を受ける活動を行うことは認められません。

（外務省ウェブサイトより引用）

Ⅳ　入国在留手続関係申請取次業務の流れ

（1）　日本入国までの一般的な流れ

　ここで，本編に入る前に，入国在留手続関係申請取次業務の流れを簡単に説明します。軽く全体像を把握した上で，この後の章にて説明する細部を確認してください。

在留資格認定証明書（COE）交付申請の流れ

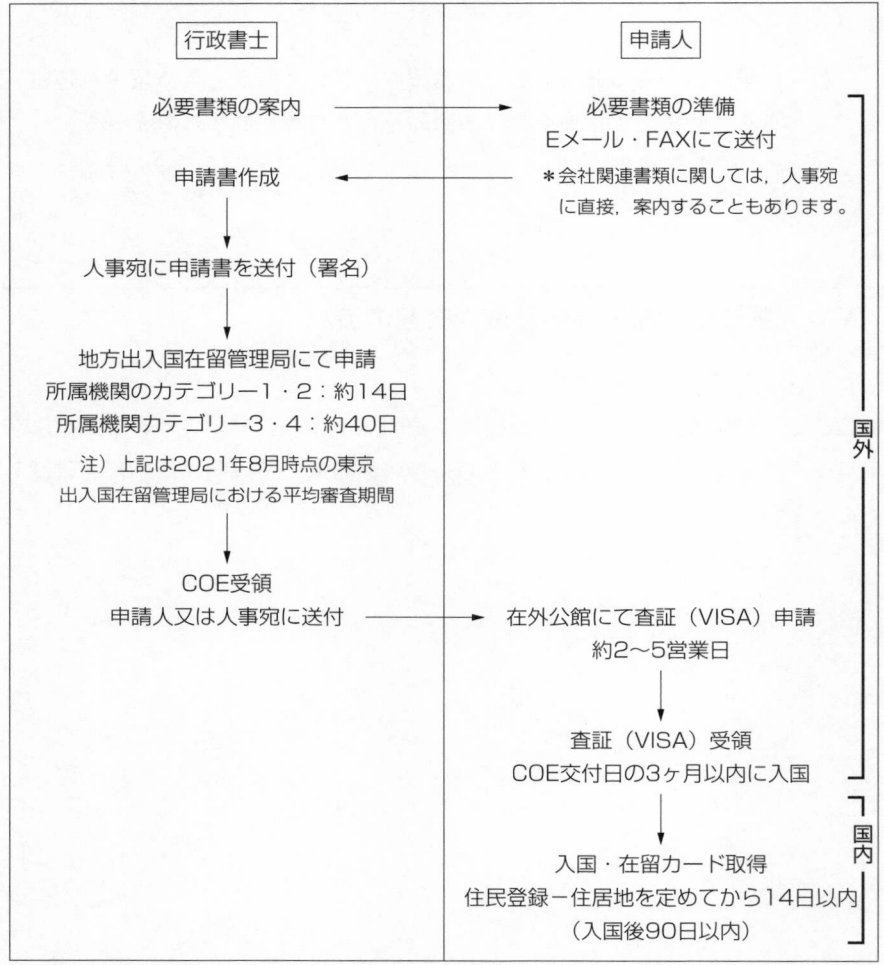

行政書士	申請人	
必要書類の案内 →	必要書類の準備 Eメール・FAXにて送付 ＊会社関連書類に関しては，人事宛に直接，案内することもあります。	国外
申請書作成 ←		
↓ 人事宛に申請書を送付（署名）		
↓ 地方出入国在留管理局にて申請 所属機関のカテゴリー1・2：約14日 所属機関カテゴリー3・4：約40日 注）上記は2021年8月時点の東京出入国在留管理局における平均審査期間		
↓ COE受領 申請人又は人事宛に送付 →	在外公館にて査証（VISA）申請 約2～5営業日	
	↓ 査証（VISA）受領 COE交付日の3ヶ月以内に入国	
	↓ 入国・在留カード取得 住民登録－住居地を定めてから14日以内 （入国後90日以内）	国内

＊　所要日数はあくまでも目安となります。申請してからCOE受領までの期間は，管轄の地方出入国在留管理局，申請する内容，時期によっても異なります。

＊　査証（VISA）申請は，原則として申請人の本国又は居住権を持つ国の住居地を管轄する在外公館にて行います。在外公館での申請方法（代理機関を通す必要性の有無等）や必要書類等は，各在外公館により異なりますので，直接，申請する予定の在外公館に確認が必要です。

（2）　日本入国後の入管手続の一般的な流れ

　次に，（1）のプロセスにて何らかの在留資格を得て本邦に在留する外国人が，保持している在留資格を別の在留資格に変更する場合や，保持している在留資格の期間を更新する場合の流れを次頁のフローチャートにてご確認ください。

在留資格変更許可申請（C），在留期間更新許可申請（E）の流れ

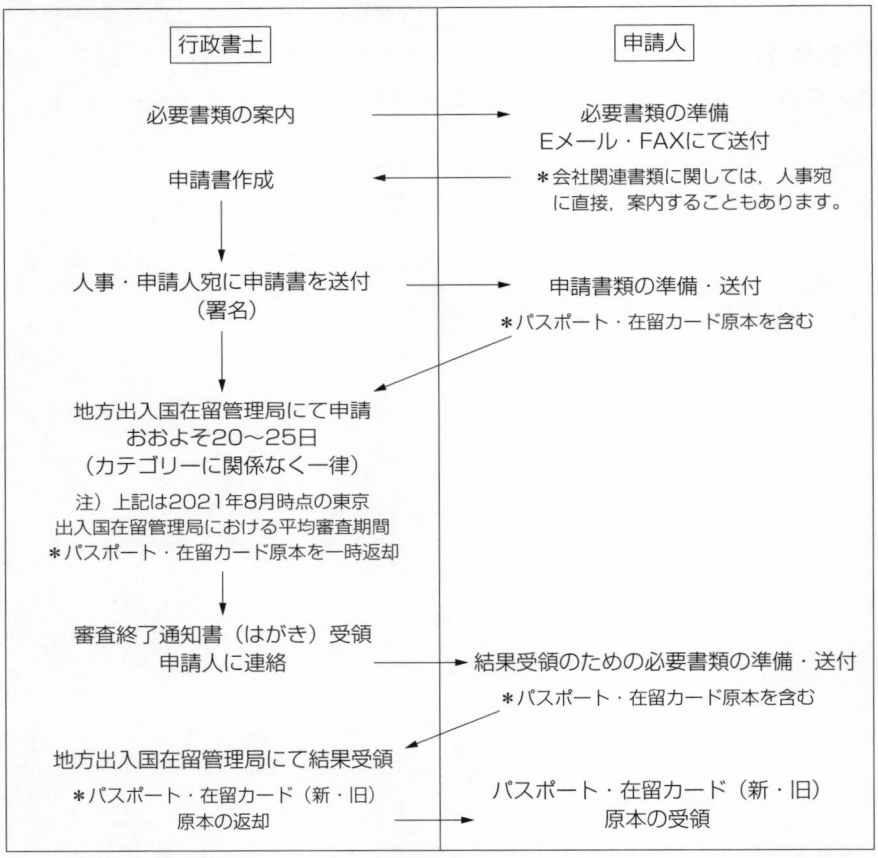

行政書士 ｜ 申請人

必要書類の案内 → 必要書類の準備
Eメール・FAXにて送付
＊会社関連書類に関しては，人事宛
に直接，案内することもあります。

申請書作成 ←

人事・申請人宛に申請書を送付 → 申請書類の準備・送付
（署名） ＊パスポート・在留カード原本を含む

地方出入国在留管理局にて申請
おおよそ20～25日
（カテゴリーに関係なく一律）

注）上記は2021年8月時点の東京
出入国在留管理局における平均審査期間
＊パスポート・在留カード原本を一時返却

審査終了通知書（はがき）受領 → 結果受領のための必要書類の準備・送付
申請人に連絡 ＊パスポート・在留カード原本を含む

地方出入国在留管理局にて結果受領 パスポート・在留カード（新・旧）
＊パスポート・在留カード（新・旧） 原本の受領
原本の返却 →

＊ 所要日数はあくまでも目安となります。申請してから審査が完了するまでに要する期間は，管轄の地方出入国在留管理局，申請する内容，時期によっても異なります。

＊ 在留資格変更許可申請，在留期間更新許可申請があった場合（30日以下の在留期間を決定されている者から申請があった場合を除く）において，その申請の時に当該外国人が有する在留資格に伴う在留期間の満了の日までにその申請に対する処分がされないときは，当該外国人は，その在留期間の満了後も，当該処分がされる時又は従前の在留期間の満了の日から2ヶ月を経過する日が終了する時のいずれか早い時までの間（以下，「特例期間」といいます）は，引き続き当該在留資格をもって本邦に在留することができます。

＊ 地方出入国在留管理局での審査が続いている間であっても，申請人は出国することが可能です。ただし，必ずみなし再入国か再入国許可（後述）を得た上で，出国していただく必要があります。みなし再入国で出国をした場合，再入国後，特例期間内に結果受領をする必要があります。再入国許可を利用して出国した場合，当該再入国許可の期限内に再入国をした上で，特例期間内に結果受領をする必要があります。

（3）　行政書士の業務の流れ

　最後に，下記のフロー図は，行政書士が実際に問い合わせを受けてから納品までの業務の流れとなります。行政書士の業務の実務の具体的な進め方及びポイントについてはこの後の第1章にて詳述します。

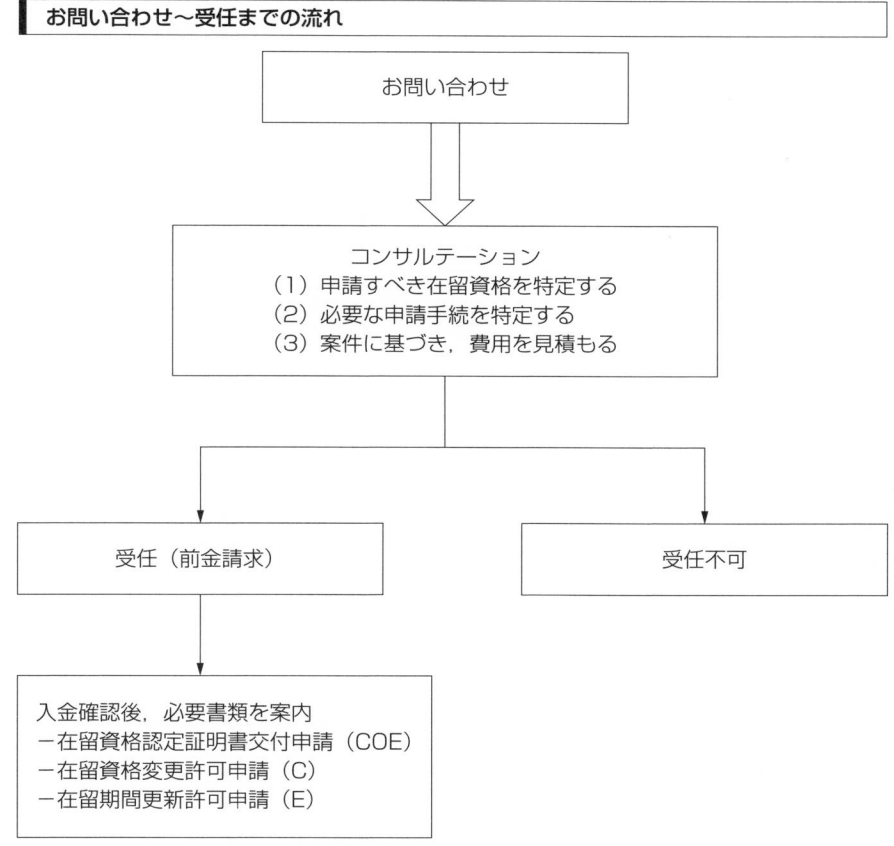

お問い合わせ～受任までの流れ

- お問い合わせ
- コンサルテーション
  - （1）申請すべき在留資格を特定する
  - （2）必要な申請手続を特定する
  - （3）案件に基づき，費用を見積もる
- 受任（前金請求）
- 受任不可
- 入金確認後，必要書類を案内
  - －在留資格認定証明書交付申請（COE）
  - －在留資格変更許可申請（C）
  - －在留期間更新許可申請（E）

第1章

入管業務の流れ

　行政書士のところには，外国人の入国在留手続に関して様々な相談が持ち込まれます。

　例えば，「来春，日本の大学を卒業する中国人留学生に内定を出したので，4月からうちの会社で働けるようにして欲しい」「うちに転職してきた米国人のビザ期限がまもなく切れるので，更新して欲しい」，あるいは，「当社がベトナムから呼び寄せようとしたベトナム人ITエンジニアの在留資格認定証明書が不交付になってしまったが，どうすれば良いか？」などという相談もあり得ます。

　顧客の紹介やウェブサイトを見て連絡をしてきた企業や外国人から新規に案件を受任するときは，一度詳しく相談に乗って欲しいのであなたの事務所を訪問したい（あるいは企業のオフィスに来て欲しい）と言われることが多いと思います。これまで入国在留関係手続申請を取り扱ったことのない方は，企業・外国人材が相談にみえたら，何を聞き取り，何を話せば良いかわからず戸惑ってしまうかもしれません。

　しかし，初回の面談において，的確な質問をし，的確な話をして，専門家として信頼を得ることができないと案件を受任することはできません。初回の面談で専門家として信頼されるためには，何のために面談するかが自分の中で明確になっており，その目的に向けて話をすることが必要です。

　初回の面談の目的は，単純かつ明確です。

　すなわち，(1) 申請すべき在留資格を特定する，(2) 必要な申請手続を特定する。

　この2点を明らかにすることです。

　(注)　正確には，上記以外に費用を見積もって案件を受任するという営業上の目的も

ありますが，在留資格と申請手続を特定できなければ案件の受任もあり得ませんから，まずはこの2つの特定に集中してください。

（1）申請する在留資格の特定

本書は入門書ですから「そもそも在留資格とは何か？」という説明から始めます。

在留資格は，一般的に「ビザ（査証）」と呼ばれることが多いですが，両者は別物です。ビザが日本政府（外務省，在外公館）の発行する入国のための推薦状のようなものであるのに対し，在留資格は日本に滞在しつつ，それぞれの資格ごとに法定された活動を行うことを認める日本政府（法務省）の許可です。ビザは，海外にある在外公館においてしか発給されませんので，我々行政書士が申請取次をするのは，「在留資格」の方です。

在留資格を特定する際によくある間違いは，申請人の学歴や職歴からどの在留資格なら許可を得られそうか？　という視点で在留資格を特定しようとすることです。しかし，そもそも在留資格は入管法所定の活動を行うために申請するものです。すなわち，入管法はその別表第一，第二において，このような在留資格を有する者はこのような活動ができるということを在留資格ごとに定めています。例えば，「経営・管理」の在留資格なら「本邦において貿易その他の事業の経営を行い又は当該事業の管理に従事する活動（この表の法律・会計業務の項の下欄に掲げる資格を有しなければ法律上行うことができないこととされている事業の経営又は管理に従事する活動を除く。）」です。そして，主な就労可能な在留資格を得るための要件が出入国管理及び難民認定法第7条第1項第2号の基準を定める省令（以下，基準省令）の形で定められています。そこで，申請人の学歴・職歴からするとどの在留資格を取れるだろうか？　と考えるのは論理が逆で，まずは申請人が日本で行う活動を聞き，その活動を行える在留資格はどの在留資格なのか？　を考えることが必要です。

したがって，面談にやってきた企業・外国人には，申請人がどんな活動（仕事）を行おうとしているのかを聞き出すつもりで話を聞いてください。

よくある相談が，とにかくどんな在留資格でもいいので申請人が日本にいられるようにしてほしい，というものです。

　例えば，「エステティックサロンのエステティシャンが足らないから外国人のエステティシャンを海外から呼び寄せたい」というような相談を受けることがあります。

　エステティシャンの仕事は手に職があることが必要な業務であるため一見「技能」の在留資格に該当するように見えます。しかし，「技能」の在留資格で従事できる業務内容は基準省令で特定されています。基準省令は，エステティシャンの業務を「技能」の活動のひとつとして認めていませんからエステティシャンとして在留資格を申請しても，基準適合性が認められず在留資格は許可されません。また，一般的なエステティックサロンにおけるエステティシャンの施術は，美容やリラクゼーションを目的とするものであり，「医療に係る業務」とは言えませんから，「医療」の在留資格にも該当しません。

　このとき，相談者であるエステティックサロンの運営会社の方が「このエステティシャンは本国で大学を出ているから，会社勤めをするための在留資格を取ってもらえないか？」と言ったらどうすればよいでしょうか？

　仮にこのエステティシャンが大学卒業の学歴を根拠に「技術・人文知識・国際業務」の在留資格を得ることができたとしても，「技術・人文知識・国際業務」の在留資格で従事できる業務は自然科学・人文科学等の専門的な技術・知識を用いるような業務だけですので，エステティックサロンでエステティシャンとして働くことは認められません。申請の際にこのエステティシャンの職務内容をエステティックサロンの総務経理業務ということにして申請すれば，（このような業務と大学の専攻との関連性が認められれば）「技術・人文知識・国際業務」の在留資格が許可されるかもしれません。しかし，実際に従事する業務がエステティシャンとしての業務なのに総務経理業務に従事するとして「技術・人文知識・国際業務」の在留資格を申請することは違法な虚偽申請にほかなりません。もし行政書士が，申請人が申請内容と異なる業務に従事することを知りながら，このような申請を取り次いだ場合は，行政書士も虚偽申請に加担したことになります。このような事案では，そもそも申請取次業務を受任すべきではないのです。

 **Point**

　在留資格の種類は，どの在留資格なら取れそうか？　という視点ではなく，申請人の日本における活動内容に合致する在留資格はどれか？　という視点で決定する。

（2）　必要な手続の特定

　申請人が日本において行う活動内容に合致する在留資格を特定したら，その在留資格を得るのに必要な手続を特定します。

①　申請人が在留資格を持って日本に居住していない場合

　在留資格認定証明書交付申請

具体例

　日本の IT 企業がそのベトナム現地法人に勤務中のベトナム人 IT エンジニアを日本に転勤させたい。

→　この事例では，ベトナム人 IT エンジニアは日本に在留（在住）しておらず，日本の在留資格を持っていないため，新たに在留資格を得るための手続を開始する必要がある。

→　「企業内転勤」の在留資格認定証明書交付申請

② 申請人が既に在留資格を持って日本に居住しているが，その在留資格所定の活動が，申請人が今後日本で行う活動内容に合致していない場合

📄 **在留資格変更許可申請**

具体例

ドイツに本社を有する大手機械メーカーからその日本子会社に転勤し，「企業内転勤」の在留資格で就労中のドイツ人技術者が，ヘッドハンターの紹介で日本の機械メーカーに技術者として転職した。このドイツの機械メーカーと転職先の日本の機械メーカーは，互いに競合する関係にあり資本関係等はない。

→ 入管法別表は，「企業内転勤」の在留資格で行える活動を「本邦に本店，支店その他の事業所のある公私の機関の外国にある事業所の職員が本邦にある事業所に期間を定めて転勤して当該事業所において行うこの表の技術・人文知識・国際業務の項の下欄に掲げる活動」と規定。

→ 本件外国人は転職に伴い今後ドイツ本社と資本関係等のない日本の機械メーカーで就労する。このような活動は，「外国にある事業所」の「本邦にある事業所」で行う活動ではない。よって，申請人が今後日本で行う活動は「企業内転勤」の資格で行うことができる所定の活動に合致しない。

→ **在留資格変更許可申請**

③ 申請人が既に在留資格を持って日本に在留しており，その在留資格所定の活動が今後申請人の日本で行う活動内容に合致している場合

📄 **在留期間更新許可申請，就労資格証明書交付申請，契約機関変更の届出**

具体例

「技能」の在留資格で就労中のインド人料理人がインド料理レストランAからインド料理レストランBに転職して，Bにおいても今まで同様インド料理の料理人と

して就労することになった。この「技能」の在留期限はあと 3ヶ月弱しか残っていない。

→　この事例では当該インド人は既に料理人として「技能」の在留資格を持って日本に在留中である一方，転職したインド料理レストラン B においてもインド料理の料理人として就労予定。この業務は現にインド人が有している「技能」の在留資格該当性のある活動なので，同じ在留資格のままで就労継続可能。但し，間もなく在留期限が満了する。

→　**在留期間更新許可申請**

本件では，転職したことにより契約機関（勤務先）が変わったので，契約機関変更の届出も必要（契約機関変更の届出については第 3 章「Ⅷ契約機関／活動機関に関する届出」参照）。

なお，転職した時点では在留期限到来まで 3ヶ月以上ある場合で，転職先のインド料理レストラン B においてインド料理の料理人として就労し続けても入管法上問題ないことを確認しておきたいときは，就労資格証明書交付申請をする。

✅ **Point**

必要な手続は，申請人の現在の状況（在留資格の有無，現に有する在留資格の種類・期間）と今後の申請人の活動内容によって決定する。

（3）　所属機関のカテゴリーの確認

在留資格及び必要な手続の特定ができたら，申請人が所属する機関がどのカテゴリーに分類されるのかを特定します。この段階でカテゴリーを特定する意味は 2 つあります。

まず 1 つ目は，各地方出入国在留管理局によっても異なりますが，東京出入

国在留管理局での申請のようにカテゴリーによって大きく審査期間に違いが出る場合があることです。ちなみに，東京出入国在留管理局での在留資格認定証明書交付申請の場合，所属機関がカテゴリー１・２である場合と３・４である申請の場合とで審査期間が異なり，カテゴリー３・４の申請では，カテゴリー１・２の審査期間より更に１ヶ月程度審査が長引きます。申請人が相談に訪れる際，申請全体のタイムラインを知りたいと思うのは当然かと思いますので，所要日数の案内をその場でするためにも，カテゴリーの確認は必要といえるでしょう。

　２つ目は，カテゴリーが行政書士報酬額に影響することです。つまり，カテゴリーによって提出書類のボリュームに差異があり，行政書士が案件処理に費やす時間と手間が大きく異なるので，報酬額に差をつける必要があるためです。したがって，カテゴリーは見積の前段階で確認した方が良いでしょう。

　それでは，どのようにカテゴリーを特定するのか。まずは法務省のウェブサイトから抜粋した下記の表を確認してください。

所属機関のカテゴリー

		カテゴリー１	カテゴリー２	カテゴリー３	カテゴリー４
区分（所属機関）		次のいずれかに該当する機関 （１）　日本の証券取引所に上場している企業 （２）　保険業を営む相互会社 （３）　日本又は外国の国・地方公共団体 （４）　独立行政法人 （５）　特殊法人・認可法人 （６）　日本の国・地方公共団体認可の公益法人 （７）　法人税法別表第１に掲げる公共法人 （８）　高度専門職省令第１条第１項各号の表の特別加算の項の中欄イ又はロの対象企業（イノベーション創出企業） （９）　一定の条件を満たす企業等	次のいずれかに該当する機関 （１）　前年分の給与所得の源泉徴収票等の法定調書合計表中，給与所得の源泉徴収合計表の源泉徴収税額が1,000万円以上ある団体・個人 （２）　在留申請オンラインシステムの利用申出の承認を受けている機関	前年分の職員の給与所得の源泉徴収票等の法定調書合計表が提出された団体・個人（カテゴリー２を除く）	左のいずれにも該当しない団体・個人

（法務省ウェブサイトより引用）

　まず，カテゴリー1に分類されるのが一部上場の株式会社です。これは，インターネットで検索すればすぐにその会社が上場をしているかについて確認することができるでしょう。また，保険サービスを行う会社のうち株式会社ではなく相互会社に分類される会社（これも大手保険会社になりますので，インターネットで検索すればすぐにわかります）や，独立行政法人等，大会社であったり，公共機関であったりと，その多くは正式名称を聞くだけでカテゴリー1に当てはまるか否かを判別しやすい機関となります。

　カテゴリー2・3は，カテゴリー1・4に当てはまらない機関のうち，前年度の「給与所得の源泉徴収票等の法定調書合計表」に記載された給与所得の源泉徴収税額（次頁サンプルの　で囲んでいる部分）が1,000万円以上の場合はカテゴリー2に，それ未満の場合はカテゴリー3となります。たとえ1円の差であっても，どちらに分類されるかによって雲泥の差となり，カテゴリー3に分類されてしまうと，カテゴリー2の場合の何倍もの書類を提出しなくてはなりません。平均して，カテゴリー2に分類される機関は，従業員が数十名以上の，ある程度の規模の中企業～上場をしていない大企業までとなりますが，あくまでも分類の基準は機関が社員に支払う給与額に対する源泉徴収税額の合計となるため，中には従業員一人ひとりの給与額が高額であるために，数名規模の機関でもカテゴリー2に分類される…というような場合もあります。

　カテゴリー4に分類されるのは，主に新設の機関となります。前述した給与所得の源泉徴収票等の法定調書合計表は，各機関が1年に1度，年始に税務署に提出しますが，この合計票の提出がなされていない新設機関等がカテゴリー4となります。

給与所得の源泉徴収票等の法定調書合計表

FE0103

令和 □□ 年分 給与所得の源泉徴収票等の法定調書合計表

（所得税法施行規則別表第5（8）、5（24）、5（25）、5（26）、6（1）及び6（2）関係）

税務署受付印	平成　年　月　日提出　税務署長　殿	事業種目			整理番号		署番号	

提出者	住所又は所在地	電話（　　－　　－　　）	調書の提出区分　新規=1 追加=2　訂正=3 無効=4	提出媒体	1 給与 2 退職 3 報酬 4 使用 5 譲受 6 斡旋
	（フリガナ）氏名又は名称		（フリガナ）		本店等一括提出　翌年以降送付
	個人番号又は法人番号 ↓個人番号の記載に当たっては、左端を空欄にし、ここから記載してください。		作成担当者		有 ○ 否 ○
	（フリガナ）代表者氏名印	㊞	作成税理士署名押印　電話（　　－　　－　　）	㊞	税理士番号

1 給与所得の源泉徴収票合計表（375）

区分	人員	左のうち、源泉徴収税額のない者	支払金額	源泉徴収税額
Ⓐ俸給、給与、賞与等の総額				
Ⓑのうち、内職適用の日雇労務者の賃金				
Ⓒ源泉徴収票を提出するもの				
災害減免法により徴収猶予したもの	猶予税額		（摘要）	

2 退職所得の源泉徴収票合計表（316）

区分	人員	支払金額	源泉徴収税額	（摘要）
Ⓐ退職手当等の総額				
Ⓑのうち、源泉徴収票を提出するもの				

3 報酬、料金、契約金及び賞金の支払調書合計表（309）

	区分	個人	個人以外	支払金額	源泉徴収税額
所得税法第204条に規定する報酬又は料金等	原稿料、講演料等の報酬又は料金（1号該当）	人	人	円	円
	弁護士、税理士等の報酬又は料金（2号該当）	人	人	円	円
	診療報酬（3号該当）	人		円	円
	職業野球選手、騎手、外交員等の報酬又は料金（4号該当）	人		円	円
	芸能等に係る出演、演出等の報酬又は料金（5号該当）	人		円	円
	ホステス等の報酬又は料金（6号該当）	人		円	円
	契約金（7号該当）	人		円	円
	賞金（8号該当）	人		円	円
Ⓐ	計	実 人員 実	人員	円	円
Ⓑのうち、支払調書を提出するもの		人	人	円	円

Ⓐのうち、所得税法第174条第10号に規定する内国法人に対する賞金	件数	支払金額	源泉徴収税額	（摘要）
	件	円	円	

災害減免法により徴収猶予したもの	人	猶予税額		

4 不動産の使用料等の支払調書合計表（313）

区分	人員	支払金額
Ⓐ使用料等の総額	人	円
Ⓑのうち、支払調書を提出するもの	人	円
（摘要）		

6 不動産等の売買又は貸付けのあっせん手数料の支払調書合計表（314）

区分	人員	支払金額
Ⓐあっせん手数料の総額	人	円
Ⓑのうち、支払調書を提出するもの	人	円
（摘要）		

5 不動産等の譲受けの対価の支払調書合計表（376）

区分	人員	支払金額
Ⓐ譲受けの対価の総額	人	円
Ⓑのうち、支払調書を提出するもの	人	円
（摘要）		

	通信日付印	確認印	提出年月日	身元確認
税務署整理欄			年　月　日	
	区分	A B C D E F G H		

（4）　日数の案内

　必要な手続を特定する際には，同時にその手続の所要期間についても注意する必要があります。特に，申請人が「短期滞在」で在留中に在留資格認定証明書交付申請をする場合，同証明書が交付されただけの状態では，短期滞在の在留期限を 1 日でも超えるとオーバーステイ＝不法滞在となります。申請人が日本滞在中に在留資格認定証明書が交付された際においては，本来であれば一旦帰国をし，本国又は住居地の管轄の在外公館にて査証申請を行う必要があります。しかし，一時帰国することがスケジュール的に困難である場合等に，短期滞在資格から認定された在留資格への在留資格変更許可申請を地方出入国在留管理局へ提出することで，日本に滞在しながら全手続を完了させることが可能となります（同変更許可申請を提出すれば短期滞在の期限後も在留可能）。その様なケースにおいては，申請人の短期滞在の在留期限と，在留資格認定証明書交付申請の申請準備に要する期間及び申請後の審査期間を鑑みて，短期滞在の期限内に一度出国する必要があるかを予測し，クライアントに案内する必要があります。平均的な審査期間は法務省のウェブサイトで公表されていますが，実際の審査期間は，所属機関のカテゴリーや各地方出入国在留管理局の業務量等によって異なるため，他の行政書士か各地方当局にて実際の審査期間を確認し，見通しを立てるようにしてください。

Ⅱ　報酬見積

　必要な手続を特定できる程度の情報を得ることができれば，当該案件にかかる時間・手間及びリスクが想定できますので，それに応じて報酬額を見積もります。入管業務を始めたばかりの方であっても，第 2 章の「在留資格」の該当箇所で各在留資格を得るには何が必要か説明していますので，それに則って在留資格を得られそうか判断してください。在留資格を得るために必要な在留資格該当性・基準適合性等が認められる時は通常の案件として相場程度の見積額にして，在留資格該当性・基準適合性等につき少しでも疑問点があれば難事件扱いにして見積額を高くするという考えでよいと思います。「前回の申請が不許可になったから，再申請して欲しい」というような案件は，無条件で難事件

扱いにすべきです。

　さて，上記で通常の案件は相場通りの見積額でよいと書きましたが，何が「相場」なのでしょうか？

　行政書士会が報酬額統計調査の結果を公開しているので，ここでは企業からの依頼が多い「在留資格認定証明書交付申請（就労資格）」と「在留資格変更許可申請（就労資格）」の統計（令和2年度）を掲示します。

報酬額統計調査の結果（令和2年度）

在留資格認定証明書交付申請（就労資格）

回答者	5万円未満	5万円～7.5万円未満	7.5万円～10万円未満	10万円～12.5万円未満	12.5万円～15万円未満	15万円～20万円未満	20万円以上	平均	最小値	最大値	最頻値
184	12	17	27	72	17	25	14	113,881	10,000	300,000	100,000
100.0%	6.5%	9.2%	14.7%	39.1%	9.2%	13.6%	7.6%				30件

在留資格変更許可申請（就労資格）

回答者	5万円未満	5万円～7.5万円未満	7.5万円～10万円未満	10万円～12.5万円未満	12.5万円～15万円未満	15万円～20万円未満	20万円以上	平均	最小値	最大値	最頻値
160	21	36	30	45	7	12	9	95,378	5,000	330,000	100,000
100.0%	13.1%	22.5%	18.8%	28.1%	4.4%	7.5%	5.6%				20件

日本行政書士会連合会「令和2年度報酬額統計調査の結果」参考 URL：https://www.gyosei.or.jp/wp-content/uploads/2021/03/6f46d768df19ba68e72f5fb6c67dd034.pdf

　同じ就労資格の在留資格認定証明書交付申請であっても申請人の学歴・職歴や所属機関の規模等によって難易度が大きく異なりますから，それに応じて報酬額も異なるはずです。統計というものの性質上やむを得ないことですが，報酬額調査では案件の難易度を区別せず一律の報酬額を集めているため最小値と最大値の金額が両極端で，その平均値を「相場」と考えることは適切ではないと思われます。この報酬額調査結果も，その点を考慮して，「最頻値」を算出していますので，本報酬額調査では「最頻値」を見るべきだと思います。

　もっとも，「最頻値」の数値を参考に報酬額を決めてもよいのは，在留資格該当性・基準適合性等に特段の問題がない場合だけです。業務内容が単純労働とみなされて在留資格該当性が認められないと指摘されるおそれがある場合

（例：店舗，工場，あるいは建設現場における就労）や基準適合性に疑問がある場合（例：申請人がインドのポリテクニーク（専門学校）を卒業したばかり），あるいは，資格・基準適合性に問題はないが，犯罪歴等特別な問題がある場合（例：在留中に飲酒運転で裁判所の略式命令を受けていた）は，その案件処理にかかる時間・手間及びリスクを考慮して，一応の「相場」の金額と考えられる上記「最頻値」の金額より高い金額を見積もる必要があります。このような難事件の金額をいくらにすべきか，何年間入管業務をやっていても未だに悩むところですが，難事件の処理には通常の案件の何倍も時間・手間がかかるのが普通ですので，最低でも上記最頻値の2倍か3倍の金額を見積もるべきだと思います。

　実務上，他の行政書士事務所と筆者の事務所の見積額を比較されることが少なからずあるので，他の行政書士事務所がどのような金額で見積を出しているか垣間見ることもあります。昨今は極端に安く受任する行政書士事務所と「相場」（最頻値）より高めの報酬額を維持している行政書士事務所の二極化が進んでいるように思われます。

　経験が少ないうちは自信のなさからつい安い見積金額を出してしまいがちです。しかし，ある企業から一度安い報酬額で受任するとその企業については以後ずっと安い報酬額で受任し続けることになってしまいます。

　入管業務は，他の行政書士業務に比べて値段についての過当競争が進んでいない業務です。というのは，入国在留手続関係申請は不許可が数多く出る行政手続であり，許可を得られるか否かが行政書士の腕前にかかっている部分が大きいためです。

　特に難事件で相談に来る方々は，許可が出ないと日本での仕事と生活を失って帰国しなければならなくなるのですから，安い行政書士より，高くても結果を出してくれる行政書士を求めています。

　そこで，たとえ入管業務についてまだ経験が浅いとしても，高めの見積額を提示して，受任したら金額に見合うだけの仕事をするようにしてください。入管業務は，何年も入管法の勉強をして膨大な専門知識を蓄えなければ処理できないような複雑怪奇なものではありません。実務経験が重要な業務ではありますが，行政書士であれば勉強会等に参加して先輩行政書士に相談することもで

きます。高めの金額で受任しておけば，実務経験豊かな先輩行政書士に有料で相談して書類チェックをお願いしても赤字にはならないでしょう。相談できるような先輩が周囲にいないときは，入管職員の方々に相談してください。申請人である外国人や企業の担当者には別の本業があるので平日の昼間に何度も入管通いを繰り返すことはできません。しかし，行政書士にとってはこれが本業なのですから何度でも地方出入国在留管理局に足を運んで相談することができるはずです。

　なお，先輩行政書士と共同受任して，その先輩行政書士と一緒にクライアントに会う新人行政書士がいますが，これではそのクライアントは先輩行政書士を信頼して以後そちらのクライアントになってしまうでしょう。クライアント対応だけは，いかに経験が浅くても自分で行うべきです。

筆者の事務所の報酬額

　ちなみに，筆者の事務所ではおおよそ以下のような報酬額を設定しています。筆者は，ある程度の経験と実績がある都内の行政書士事務所と同等か多少高めになるように報酬額を設定しています。

　（注）　以下，税抜き，経費実費は別途請求。所属機関がカテゴリー３又は４の場合

通常案件

　「技術・人文知識・国際業務」「企業内転勤」の場合
　在留資格認定証明書交付申請：10万円～15万円
　在留資格変更許可申請：10万円～15万円
　在留期間更新許可申請（転職なし）：5万円
　在留期間更新許可申請（転職あり）：8万円

難事件

　事案の内容に応じて20万円から50万円

成功報酬

　筆者の事務所では，難事件を受任する際は，報酬金額を高めに設定する代

わりに，最終的に許可が得られなければ報酬は一部しか頂かないことにしています。具体的には，例えば報酬総額を 40 万円としたときは，報酬額の半額 20 万円を前金として着手時に受領し，これはたとえ不許可になっても返金しません。そして，最終的に許可を取れたときは，残りの 20 万円を成功報酬として受領します。

　仮に受任後 1 回目の申請が不許可になった場合，筆者の事務所では追加料金なしで再度申請し，2 度目の申請で許可が得られたときは，残金の 20 万円を成功報酬として受領します。この場合，2 回申請したから当初に見積もった報酬総額 40 万円に追加申請分を上乗せしてもよいのですが，1 度目の申請は結果が出ていないので，結果が出た 2 度目の申請についてのみ成功報酬をもらう，という考え方をしています。

　行政書士が入管業務においてクライアントと紛争になる典型的な事案が，およそ許可が取れそうにない事案を高額な前金を受け取って受任し，不許可になっても返金しないというような場合です。

　行政書士は入管業務のプロなのですから，外国人，企業が申請しても許可が取れそうにない難事件を受任して許可を取っていかなければなりません。しかし，難事件といっても，明らかに在留資格該当性・基準適合性等を欠くような事案はそもそも受任すべきではありません。受任してもよいのは，在留資格該当性・基準適合性等が認められるが，それを立証するのが容易でないため，入管業務のプロである行政書士が疎明資料の収集・作成する必要性があるような場合です。

Ⅲ　案件の受任

初回の面談時に手続の詳細や申請のポイントを解説したり，書類リストを作って渡していると，潜在的なクライアントはその情報を使って自分で申請してしまうことがあります。しかし，依頼しなければ何も話さないという態度で接していると，受任のために最も大切な相談者（潜在的クライアント）の信頼を得ることができません。正式に依頼を受ける前の時点でどこまで情報を出すかのさじ加減が難しいのですが，折衷案として，口頭ベースでは丁寧に説明する

が，書面（書類リスト，提出資料の見本等）は正式な依頼がない限り渡さない，という方針にしてはいかがでしょうか？

　もっとも，どうしても書類リストが欲しいという相談者は少なくありません。このような場合，とりあえずは法務省のウェブサイトに掲載された書類リストを提示して，「ここに書いてあることは，あくまで一般的な事案を想定したリストなので，そのまま使えるわけではありません。弊所で正式に取次申請を受任したときは，本件の特殊性を考慮に入れた本件専用のリストを作ってお渡しします」という説明をすることもあります。

Ⅳ　申請準備

（1）　資料・情報の収集

　案件を受任したら，申請書類の準備に取り掛かります。まずは本章Ⅰ（1）及び（2）で特定した在留資格及び手続の種類において提出が求められている必要書類リストを作成し，申請人や所属機関などに資料の提供を依頼します。提供された資料を確認し，基本書類を提出するだけでは在留資格該当性や基準適合性が立証できないと判断した場合には，追加資料や，上申書を作成するための追加の情報をもらいます。

（2）　申請書その他書類の作成

　最初にリクエストした書類がある程度そろってきたら，軽く申請書を作成してみてもいいかもしれません。そこで初めて不足情報が見つかる場合もあります。

（3）　署名，原本受領

　申請書のドラフトが完成したら，申請人及び所属機関担当者の署名をもらいます（在留資格・申請手続のタイプによって署名者は異なります。なお，2021年1月よりほとんどの申請における申請書の押印欄は廃止になりました）。

　稀に，勘違いをして署名済みの申請書のコピーを返送するクライアントがいますが，申請書の署名のあるページは原則として原本書類の提出が必須となる

ことに注意してください。逆に，添付書類についてはコピーの提出で足りる場合もあります。

（4）　申請前の確認

　申請書類が手元に届いたら，まず確認するのは署名が正しくされているか否かです。よくあるミスは，署名が"消えるボールペン"でなされていることです。気がつかずに申請をしてしまうと，申請窓口にて不受理となりますので気をつけてください。

　問題がない場合は，申請書類の最終チェックに入ります。ドラフトを送る段階で何度も確認をしているかと思いますが，ここで再度確認することでその際には気がつかなかった些細なミスなどを発見できることがあります。

　また，特に在留資格認定証明書交付申請においては，発行される証明書に記載される氏名／生年月日／性別の情報を何度でも確認してください。基本的に在留資格認定証明書は，申請書に記載したスペル通りの氏名にて発行されるため，申請書上の氏名に誤りがあると，後の査証申請時に旅券上の氏名と異なるという理由で申請が受け付けられない危険性がありますので注意してください。

　申請書及び添付書類の最終確認が終わったら，提出する申請書類及び書類作成に必要となった書類のスキャンコピーを必ず取ってください。このスキャンコピーは，結果が出るまでの間に見返す場面があるほか，類似の申請依頼を受けた際の参考資料として使用したり，また，数年後に同じ申請人から依頼を受けた際に，以前の申請内容と矛盾を生じさせないための確認資料としての役割もあります。申請書類の記録は，行政書士事務所にとって実務を行う上で一番の財産となります。筆者も入管業務において，記録の重要性を何度も痛感してきました。

✅ Point

　申請前の最終チェックが終わったら，申請書や書類作成に必要となった書類のスキャンコピーをとっておく。

Ⅴ　申請

（1）　申請方法の確認

　申請先の地方出入国在留管理局は定められています。申請人がまだ日本に居住していない在留資格認定証明書交付申請の場合は，原則として申請人の所属機関の所在地を管轄する地方出入国在留管理局が申請先となります。また，既に何らかの在留資格を持って滞在している外国人の行う申請（在留資格変更許可申請，在留期間更新許可申請など在留関係申請）の場合には，基本的にはその申請人の住居地を管轄する地方出入国在留管理局が申請先となります。但し，現在は，申請人の住居地にかかわらず，当該申請人が受け入れられている又は受け入れられようとしている機関の職員による申請等取次ぎを認められるようになりました。なお，申請取次者が取り次ぐことも可能です。詳しくは，120頁の注釈7及び123頁の注釈13にて説明しております。管轄が不明確な場合は，事前に出入国在留管理庁のウェブサイトにて確認ができます。ちなみに，通常中部地方に分類される新潟県が東京出入国在留管理局の管轄である等，変則的な区分けがありますので，一度ご自身が事務所を構える地方の管轄区分について確認しておくとよいでしょう。

　申請窓口は各地の地方出入国在留管理局によって異なりますので，こちらも不安な場合はあらかじめウェブサイトや電話にて確認するか，若しくは局内にあるインフォメーションにて直接確認をするのもよいでしょう。

（2）　申請手続――取次申請の意味

　申請は原則として，申請人が自ら地方出入国在留管理局へ出頭して行います。しかし，本人が出頭せずに申請する方法として，代理申請と取次申請があります。代理申請の場合，代理人は本人に代わって申請人となります。したがって，申請書類には申請人として署名し，また，記載内容を直接訂正等することもできます。これに対し，行政書士が行う取次申請は，申請人や代理人のために申請書類を提出することとされており，申請人・届出人として署名することや，記載内容を直接訂正することは原則としてできません。このため記載内容に不備がある場合，行政書士の職印又は署名で訂正して一旦申請を受理してもらっ

た上で，訂正された申請書の写しの交付を受け，後日写しの訂正箇所に申請人の署名をもらって再度提出するという作業が必要になります。これは東京出入国在留管理局のみの取扱いですので，地方の出入国在留管理局での取扱いについては確認が必要です（地方出入国在留管理局によっては行政書士が申請書類を訂正することまで容認しているところもあります）。

　以上は，申請時に申請窓口にて不備が判明してしまった場合の措置ですが，言うまでもなく常に申請書作成時に注意を払い，記載内容の間違いがないようにすることが最も重要です。

　申請書の記載内容に問題がなくても，添付資料が不足している場合にも不受理となることがあるため，添付資料の不足を指摘された場合には，後日，追って当該書類を提出することを条件に，申請を受理してもらえるように交渉してください。申請の内容によっては受理される場合もありますので，受理された後，速やかに不足書類を追加提出しましょう。

　申請が不受理となった場合は，申請書の種類に問題があるのか，若しくは申請書の記載内容に問題があるのか，添付書類に問題があるのか，不受理となった原因を特定した上で，申請書と添付書類の再準備をし，もう一度地方出入国在留管理局へ出向いて申請するしかありません。申請書や添付書類に問題があって不受理となってしまうのは行政書士の責任ですので地方出入国在留管理局が受理してくれるだろうという期待を持たないようにして，事前準備を徹底しましょう。

☑ Point

　行政書士が行うのは取次申請。不備のない申請書，添付資料を作成することが最も重要。

（3）審査期間

　審査期間は，申請先である地方出入国在留管理局（及びその混雑状況）／手続の種類／在留資格の種類／所属機関のカテゴリーによって異なります。

　2021 年 8 月現在の東京出入国在留管理局における主な就労資格（技術・人文知識・国際業務／企業内転勤／経営・管理）の平均的な審査期間は以下のとおりで

す。

〈在留資格認定証明書交付申請〉
　〜カテゴリー１・２……15 日前後
　〜カテゴリー３・４……20 日前後

〈在留期間更新許可申請〉
　〜カテゴリー関係なく一律……25 日前後

〈在留資格変更許可申請〉
　〜カテゴリー関係なく一律……25 日前後

　これはあくまでも東京出入国在留管理局における 2021 年 8 月時点の平均的
な審査期間であり，実際の審査期間は申請時期，申請先の地方出入国在留管理
局における申請件数，申請内容により異なります。また，審査官が慎重な調査
が必要と判断した場合には，審査期間が 2〜3ヶ月以上になることもあります。

　ちなみに法務省のウェブサイトに記載された標準処理期間（審査期間の目安）
は，以下のとおりです。東京出入国在留管理局における 2021 年 8 月時点の平
均審査期間より長めに記載されていますので，クライアントにはこの標準処理
期間を案内した方が安全でしょう。

在留資格認定証明書交付申請の標準処理期間：1ヶ月から 3ヶ月
在留資格変更許可申請の標準処理期間：2 週間から 1ヶ月
在留期間更新許可申請の標準処理期間：2 週間から 1ヶ月

　日本入国を急いでいる場合の在留資格認定証明書交付申請の場合には，事情
を説明した書面を申請書に添付することによって，早期審査終了の必要性をア
ピールします。しかし，実際に審査終了を早めてくれるか否かは完全に審査官
の判断により，よほどの事情があると認められない限りは標準的な審査期間よ

り早まることは滅多にないのが現状です。

（4）追加書類の提出

　審査の途中で，担当官より資料の追加提出を求められる場合があります。これは，既に提出している資料では在留資格該当性や基準適合性が立証できていないと判断された際や，今回提出している申請書又は添付書類の情報が，出入国在留管理庁側が把握している申請人の記録と矛盾している場合などになされます。追加提出の要求は，基本的には申請取次行政書士事務所の住所に書面にて届きますが，稀に電話による口頭での要求のみとなる場合もあります。また，担当官が申請人本人や所属機関に直接確認したい事項がある場合は，直接本人又は所属機関に電話があり，質問をされる場合もあります。

　資料の追加提出要求を受けたら，その内容から審査官が何を確認したいのかを読み取り，審査官の疑問点を十分に立証するための書類を用意することも行政書士の腕の見せ所となります。

（5）進捗確認

　審査の進捗状況は，確認することが可能です。各地方出入国在留管理局の申請先の部門に電話にて確認をするか，直接局へ出向いて相談窓口にて問い合わせます。原則としては，「審査中」「最終段階」「発送段階」である旨，若しくは追加資料の要求がある際はその旨を教えてくれるに留まり，審査の所要日数や，許可か不許可かについて回答を得ることは難しいでしょう。また，「審査中」と回答を受けた案件の審査終了通知が，問い合わせをした当日に届いたりすることもありますので，クライアントにタイムラインを案内する上では，地方出入国在留管理局側の回答は，あくまでも参考程度として捉えることをお薦めします。

Ⅵ　結果の受領

（1）　在留資格認定証明書交付申請の場合

　在留資格認定証明書交付申請の審査が終了すると，許可（交付）の場合には

証明書原本が行政書士事務所住所まで郵送にて届きます。申請時に，この際に使用する封筒を提出しますが，急ぎの申請の場合には速達用封筒を提出するとよいでしょう。

　証明書を受領したら，まずは証明書に記載されている情報（氏名・生年月日・性別・国籍・在留資格の種類等）が正しいかを確認してください。稀に，地方出入国在留管理局側のミスによって申請書に記載した内容と異なるスペルの氏名が印字されていること等があります。地方出入国在留管理局側の誤植が原因の場合は，速やかに局まで出向き，修正をしてもらってください。万が一，提出した申請書の内容の方に誤りがあった場合は，地方出入国在留管理局にその旨を伝え，修正をしてもらえるよう交渉をしてみてもいいかもしれません。しかし，原則としてこちら側のミスの場合には対応してもらえず，申請を一からし直すことを余儀なくされる場合がほとんどです。このような事態に陥ると，クライアントの就労開始のスケジュールに影響を与えることとなり，多大な迷惑をかけ，信用を失います。在留資格認定証明書交付申請の場合には差し迫ったスケジュールの中で進める場合も多いため，この最悪の事態は是が非でも避けられるよう，本章Ⅳ（4）でも述べたとおり申請書の見直しは何度でも行ってください。

　在留資格認定証明書の情報が正しい事が確認できたら，証明書を申請人の所在地に発送します。次の段階では，申請人本人が現地の在外公館（日本大使館・領事館）やその指定代理機関（中国やフィリピン等一部の国では在外公館が指定した旅行代理店等の代理機関に申請書を提出します）に出向いて日本に入国するための査証申請をしますが，その際に在留資格認定証明書を呈示します（ここでは呈示するだけで，在留資格認定証明書原本は空港の入国審査カウンターに提出します（第3章Ⅰ））。

　査証申請は，原則として申請人の本国又は住居地の在外公館にて行います。在留資格認定証明書が交付された際，日本や，申請人の本国でも住居地でもない，近隣諸国の在外公館で査証申請したいという希望が，申請人より出ることがあります。以前は，韓国の在ソウル日本大使館等では韓国居住者以外の第三国の国民の申請も受け付けていましたが，最近は断られる事例が増えてきています。そこで，申請人の本国又は住居地の在外公館にて申請をするよう案内し

た方が安全です。査証申請における審査期間は各公館の混雑状況にもよりますが，平均して 1 週間前後が目安となります。審査が終了するとパスポート上に査証（VISA）が貼り付けられ，これでようやく日本入国の流れとなります。

　申請人のスケジュール上，どうしても海外での査証申請をするための日程を取れない場合に限り，日本に滞在しながら申請を完了させる方法があります。これは在留資格認定証明書の交付前に短期滞在の在留資格で来日し，日本国内で同証明書の発行を受けた後で，短期滞在から同証明書によって与えられた資格に変更をする手続です。ただ，この申請が認められているのは，在留資格認定証明書が発行された時点で，既に日本に入国をしている申請人の場合のみとなります（東京出入国在留管理局の場合）。これは，既に日本に入国をしてしまった申請人が，在外公館で査証申請をするために再度出国をする手間を省くための救済措置という位置付けです。実は，東京出入国在留管理局において，数年前までは在留資格認定証明書の交付のタイミングに関わらず，この申請は認められていました。しかし，数年前に取扱いが変わり，現在は在留資格認定証明書に記載された発行日の時点で日本に滞在している場合しか，在留資格の変更が認められていません。

　東京出入国在留管理局以外の各地方出入国在留管理局においては，東京同様の取扱いをしているところもあれば，在外公館で査証申請して来日することができなかった理由を上申して認められれば，在留資格変更許可申請を受け付けてくれるところもあり，取扱いがまちまちです。そもそも，この手続は法務省が公式に認めている手続ではありません。各地方出入国在留管理局の判断によっていつ手続自体を認められなくなってもおかしくはないので，クライアントに案内する際はリスクを説明した上で，どうしてもやむを得ない場合に限りこの方法を選択するとよいでしょう。また，本手続は，在留資格を変更するのに先立って申請人が短期滞在で入国をすることが前提となります。査証が免除されている国籍者にはこの方法が魅力的な場合もあるかと思いますが，査証免除国でない，例えば中国やインド国籍の申請人の場合，そもそも短期滞在にて入国するための申請を，在外公館にて行うことが必要となります。この手間をかけてまでリスクのある短期滞在からの変更申請を勧める必要はないでしょう。

在外公館で査証を取得して来日する場合は，出入国港の入国審査カウンターで査証が貼付された旅券を呈示し，在留資格認定証明書を提出します。ここで最終的な上陸審査が行われ，上陸が許可されます。入管実務経験者でも，在留資格認定証明書は査証申請の際に在外公館に提出すると思っている方がいますが，在外公館では呈示するだけで，提出するのは出入国港の入国審査カウンターです。

　また，在留資格認定証明書は記載された発行日から3ヶ月以内に上陸しないと期限切れで失効してしまいますので，注意が必要です。発行後3ヶ月以内に査証申請するだけでは足らず，3ヶ月以内に来日して上陸しなければなりません。

　出入国港で上陸が許可されたときに在留カードが交付されます（在留カードの交付を行わない出入国港から上陸したときは，住居地届出後に在留カードが自宅に送付されます）。上陸後，住居地を定めた日から14日以内に住居地の市区町村役場に住居地を届け出る必要があります。この際，在留カードの裏面に住居地（住所）が記載され，日本国外にいる外国人が日本で居住するための一連の出入国在留関係手続が完了します。

　サービスの終了地点をどこに設定するかは各行政書士の考え方によって異なり，在留資格認定証明書を送付した時点で終了とする場合もあるかと思います。ただ，住居地の届出までの全行程を終えるまでサポートを続けることによって，クライアントとの信頼関係がより築けることに加え，実際に発行された在留カードのコピーを提供してもらうことで次回の在留期限が把握でき，期限到来時期に更新の案内をすることが可能になります。入国在留関係手続に慣れていなかったり，多忙なクライアントの場合，この案内がそのまま依頼に繋がることが多々あります。行政書士として入管業務を取り扱うことのビジネス上の魅力のひとつは，日本での在留を継続するクライアントが永住者や高度専門職2号の在留資格の保持者とならない限り，この「更新」のタイミングが必ずやってくること，すなわち業務の性質上，一人のクライアントとの関係性に継続性があることかと思います。クライアントとしても，入国までの手続を請け負ってくれた行政書士に頼むことが最も安心であると感じるはずです。在留期限の案内を在留期間更新許可申請の案件受任に繋げるためにも，最後のステップま

在留資格認定証明書交付申請の結果受領以降の流れ

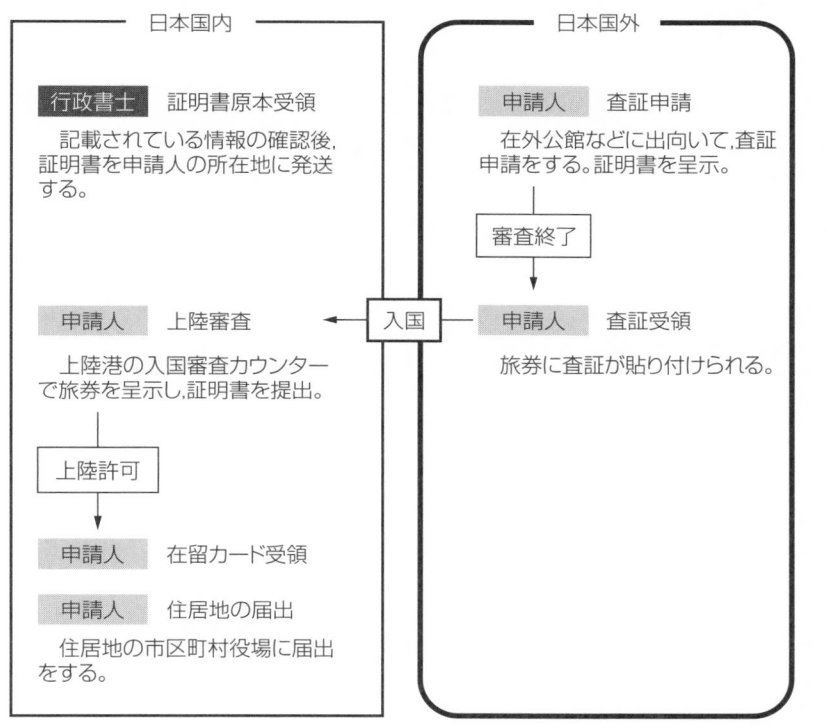

でサポートを続けることをお薦めします。

（2）　在留申請の場合

　既に何かしらの中長期在留資格を持って本邦に滞在している外国人による申請の場合，法務省での審査が終了すると，その旨を伝える通知書（はがき）が行政書士事務所住所まで届きます。通知書が届いたら，再度地方出入国在留管理局へ出向き，手数料を地方出入国在留管理局へ納付し，結果（＝新しい在留カード）を受領することで，全手続が完了します。なお，この際に受領した結果についても，必ず記録を取るようにしてください。前述したように，次回の在留期限を把握しておくことでクライアントに対して更新時期の案内ができるようになります。これに加え，クライアントから在留資格について問い合わせが

あった場合にも，クライアントの中には意外と自分の在留資格・在留期限をきちんと把握していない方がいるため，的確な案内ができることが多々あります。

　海外より本邦にやってきた外国人が同じ会社で就労し続ける場合には，在留資格認定証明書交付申請→在留期間更新許可申請→在留期間更新許可申請…というシンプルなプロセスが続きます。その一方で，日本での活動内容がその外国人の保持している在留資格に該当しなくなった場合には，在留資格の変更の手続が必要となります。また，就労系の在留資格を持った外国人が就労資格以外の資格に該当することになった場合（日本人と婚姻した際）などには，在留資格変更許可申請をすることも可能です。さらに，他会社に転職する場合には契約・活動機関に関する届出の提出を，在留カードを紛失してしまった場合には在留カード再交付申請をと，本邦にやってきた外国人が生活をしていく中で，それぞれのタイミングにおいて，地方出入国在留管理局での申請・手続が必要になってくる場面が次々と訪れます。

　各申請における詳細な説明については，第3章にて説明をしていきますので，確認してください。

 **Point**

　受領した結果を記録しておくと，クライアントとの関係を継続することができる。

第2章

在 留 資 格

　行政書士が行う入管業務の主な目的は，クライアントのために在留資格を得ることです。在留資格を得るための要件は在留資格の種類ごとに異なります。しかし，行政書士が企業からよく依頼を受ける「経営・管理」「技術・人文知識・国際業務」「企業内転勤」「技能」等の在留資格を得るための要件は共通しており，以下4点が必要になります。

在留資格を得るための要件
1. 申請人が本邦において行おうとする活動が，入管法別表において在留資格ごとに定められた活動に該当すること（**在留資格該当性**）
2. 申請人が基準省令において在留資格ごとに定められた基準に適合すること（**基準適合性**）
3. 上記「在留資格該当性」及び「基準適合性」を提出資料によって立証すること
4. 犯罪歴など特別な問題がないこと

---

1. 在留資格該当性

　入管法別表において在留資格ごとに，その在留資格で従事すべき活動が定められています。例えば，「経営・管理」の在留資格では「本邦において貿易その他の事業の経営を行い又は当該事業の管理に従事する活動（この表の法律・会計業務の項の下欄に掲げる資格を有しなければ法律上行うことができないこととされている事業の経営又は管理に従事する活動を除く。）」に従事するとされています。逆に言えば，申請人がこのような経営管理活動に従事しないのであれば，申請人の勤務先が大企業であっても，あるいは申請人が高度な専門知識を要する仕事に

就こうとしていても，「経営・管理」の在留資格を許可されることはありません。

　また，「企業内転勤」の在留資格の活動は，「本邦に本店，支店その他の事業所のある公私の機関の外国にある事業所の職員が本邦にある事業所に期間を定めて転勤して当該事業所において行うこの表の技術・人文知識・国際業務の項の下欄に掲げる活動」と定められています。「企業内転勤」の在留資格には学歴や10年間の職歴が必要なく，海外の親会社等における直近1年間の勤務経験があれば基準を満たし得るため，申請人の学歴・職歴が足らない場合には「企業内転勤」の在留資格を検討することが多いです。しかし，「企業内転勤」の在留資格で認められる活動は「この表の技術・人文知識・国際業務の項の下欄に掲げる活動」とされています。技術・人文知識・国際業務の活動は，自然科学・人文科学の分野に属する技術若しくは知識を要する業務等に従事することですから，申請人が転勤先で従事する業務が頭脳労働でなければ，そもそも「企業内転勤」の在留資格に該当せず，たとえ申請人が親会社に直近1年以上勤務していてもこの在留資格を得ることはできません。

　このように在留資格を許可されるためには，申請人が申請する在留資格において認められる活動に従事することが前提条件になります（「在留資格該当性」）。入管実務の経験者であっても，次に説明する，基準適合性ばかりに気を取られて，この在留資格該当性の有無の検証を怠ることが少なくありません。在留資格の申請をする際には，必ず申請人が行おうとする活動（企業で働く外国人材の在留資格を取り扱う本書では「職務内容」）が，申請しようとする在留資格の活動に合致しているか，すなわち在留資格該当性があるかを検証してください。

2．基準適合性

　基準省令（出入国管理及び難民認定法第7条第1項第2号の基準を定める省令）とは，在留資格認定証明書の交付を受けるために必要な諸条件を定めた法務省令です。本来は，現在海外に居住する外国人が来日して就労を開始する場面に用いられます。すなわち，上陸のための基準を示すものですが，在留資格を許可されて日本に居住している外国人が，その在留資格を変更又は更新するときにも準用されます。そこで，在留資格認定証明書交付申請のときだけでなく，在留資格変更許可申請や在留期間更新許可申請の際にもこの基準に適合している

か否か確認し，適合性を立証する必要があります。

3. 提出資料により在留資格該当性，基準適合性を立証できること

　入国在留関係手続の審査は，基本的には書面審査ですので，たとえ実態として在留資格該当性，基準適合性があったとしても，それを提出資料により立証しないと在留資格は許可されません。もっとも，所属機関がカテゴリー1又は2の場合は，添付資料をほとんど求められませんが，申請書に記載する内容は，在留資格該当性，基準適合性を示すようなものにする必要があります。

　ここで強調しておきたいことがあります。

　行政書士の仕事は法務省が公開している書類リストに載っている書類を作成・収集することではありません。書類リストに載っている書類を全部出せば許可がおりるわけではなく，在留資格を許可されるためには，前述のとおり在留資格該当性，基準適合性が認められること等が必要です。そして，提出書類はこの在留資格該当性と基準適合性等を証明するための立証資料です。いくら書類リストに載っている書類を全て提出したところで，提出書類で在留資格該当性と基準適合性を立証できていなければ意味がありません。それどころか書類の内容によっては，逆に在留資格該当性又は基準適合性がないことが明らかになってしまい，不許可の原因になりかねません。

　簡単な例を挙げます。

　例えば，「企業内転勤」の在留資格認定証明書交付申請においては，海外の派遣元が発行する申請人の在職証明書を提出します。基準省令は「企業内転勤」の在留資格を得るためには，転勤直前に1年以上海外の親会社等（派遣元）に勤務していることが必要と定めています。そして，在職証明書はこの転勤直前1年以上の要件を充足することを立証する資料ですので，万が一この書類に記載された派遣元での在職期間が1年未満となっていれば，そのせいで申請が不許可になってしまいます。

 **Point**

　必要書類リストに載っている書類を全てそろえて提出することが目的ではない。提出する書類で在留資格該当性と基準適合性等を証明する必要がある。

　筆者の事務所では，独自に作成した書類リストを使用しています。基本的には法務省のウェブサイトに掲載された提出資料のリストの内容に沿ったものになっていますが，同リストに掲載されていない資料であっても，自主的に提出しておいた方が良いと思われる資料（例えば，「経営・管理」の在留資格認定証明書交付申請における事業所の写真と見取図）や，申請書その他書類を作成するのに役に立つ資料もリストアップし，クライアントには書類の提供をお願いしています。もちろん，事案の内容によっては通常は提出しないような資料を提出すべき場合もありますし，案件によって書類リストを適宜変更して使用していますが，基本的な書類リストを在留資格・申請種類ごとに用意しておくと便利です。ただ，法務省が求める提出資料は，法令改正がないときでも変更されることがありますので，定期的にこのリストはアップデートした上で使用しています。案件を受任したら，法務省のウェブサイト掲載の提出資料リストからリストアップされた書類の過不足がないかを確認の上，クライアントに書類リストを送るとよいでしょう。

4．犯罪歴など特別な問題がないこと

　仮に「在留資格該当性」「基準適合性」を書面で立証できたとしても，申請人に重大な犯罪歴があるなど特別な問題があれば，在留資格は許可されません。

　この特別な問題には，(1) 犯罪歴，(2) 税金の滞納，(3) 加入義務がある健康保険等への未加入若しくは保険料等の未払い，(4) 各種届出の未履行，(5) 所属機関の経営難等，(6) 外国人採用の必要性が認められないこと，(7) 申請内容の信憑性が認められないこと等があります。

入管法
第 20 条第 3 項（在留資格変更許可申請）
　在留資格変更許可申請があったときは，法務大臣は，当該外国人が提出

した文書により在留資格の変更を適当と認めるに足りる相当の理由がある
ときに限り，これを許可することができる。
第 21 条第 3 項（在留期間更新許可申請）
　在留期間更新許可申請があったときは，法務大臣は，当該外国人が提出
した文書により在留期間の更新を適当と認めるに足りる相当の理由がある
ときに限り，これを許可することができる。

　「特別な問題がないこと」は，一般的には入管法第 20 条第 3 項（在留資格変更
許可申請）及び第 21 条第 3 項（在留期間更新許可申請）が規定する「変更・更新
を適当と認めるに足りる相当の理由があるとき」すなわち「相当性があるこ
と」と表現されます。

　以下，順番に説明します。

（1）　犯罪歴
　入管法が定める犯罪歴等があると在留資格を得ることができません。
　上陸拒否事由（入管法第 5 条第 1 項）に該当すると在留資格認定証明書交付申
請は，不交付の結果になります。
　上陸拒否事由には様々なものがありますが，以下の上陸拒否事由が実務上重
要ですので覚えておいてください。

入管法第 5 条第 1 項第 4 号
「日本国又は日本国以外の国の法令に違反して，1 年以上の懲役若しくは
禁錮又はこれらに相当する刑に処せられたことのある者」

　1 年以上の禁固・懲役刑の判決が確定してから何年経っていたとしても永久
に上陸拒否事由となること，日本国外における禁固・懲役刑であっても上陸拒
否事由になること，及び禁固・懲役刑の執行が猶予され実際には申請人が刑務
所に行かなかった場合でも上陸拒否事由になることを覚えておいてください。

> 入管法第5条第1項第5号
> 「麻薬，大麻，あへん，覚醒剤又は向精神薬の取締りに関する日本国又は
> 日本国以外の国の法令に違反して刑に処せられたことのある者」

　薬物関連の前科がある外国人は刑に処せられてから何年経っても「永久に」
日本に上陸できません。例えば，マリファナの所持が申請人の本国では微罪と
されており，これにより懲役刑ではなく罰金刑に処せられたに過ぎないときで
も，この外国人は（入管法が改正されない限り）永久に日本に上陸できません。

　筆者の事務所では，二十数年前のマリファナ所持の前科のため上陸拒否に
なった米国人の在留資格認定証明書交付申請を行ったことがあります。この申
請人はある国際的な企業の役員で，その企業は申請人が同社の日本事業にとっ
て不可欠の人材であると考えていました。そこで，筆者の事務所では刑に処せ
られたのが二十数年も前のことで申請人にはそれ以降何の犯罪歴もないこと，
申請人の前科が判明したのは申請人が日本への上陸申請の際に正直に前科を申
告したためであること，申請人が国際的な企業の日本事業に不可欠の人材であ
ることなどを根拠に入管法第5条の2の「上陸の拒否の特例」を認めて欲しい
（認められた場合，在留資格認定証明書に本特例に該当することが注記され，上陸時に
上陸特別許可が与えられます）と主張しましたが，この申請は不交付の結果にな
りました。

　ちなみに，申請人がかつて世界的なヒット曲を何曲も生み出した有名なロッ
クミュージシャンであったケースでは，薬物関連の前科があったにもかかわら
ず数週間で在留資格認定証明書が交付されています。入管当局に企業人とロッ
クミュージシャンとでどうしてこのように取扱いが違うのか質問したところ，
ロックミュージシャンの仕事はその本人だけにしかできない，つまり「余人を
もって代え難い」のに対し，一般企業で働く外国人材の仕事は他の人でも代替
可能だからだ，という説明を受けました。ロックミュージシャンが余人をもっ
て代え難いということは理解できますが，一般企業で働く外国人材であればど
んなに優秀な人材であっても他の人で代替可能であるかのような説明になんと
も釈然としないものを感じました。特にこのロックミュージシャンは薬物関連

の前科が複数あり，最後に刑に処せられてからまだ数年しか経過していなかったので，なおさらです。しかし，入管法の規定に照らせば，薬物関連の前科は，入管法第5条の2の「上陸の拒否の特例」にあたるような極めて例外的な場合を除いて永久の上陸拒否事由にあたるのですから，入管当局がこの企業で働く外国人材に在留資格認定証明書を交付しなかった措置は法的には間違っていません。

　本邦に在留中に日本の裁判所で有罪判決を受けた場合，その判決書が出入国在留管理庁にまわるので，その判決が確定した後の在留資格変更許可申請・在留期間更新許可申請は不許可になる可能性が高いです。しかし，申請人が上記申請時に申請書の「犯罪を理由とする処分を受けたことの有無（日本国外におけるものを含む。）」の欄の「有」を選択して，判決書など関係資料の写しと自己の行為につき深く反省しており再度同様のことを繰り返さない決意を述べた上申書を自主的に提出した場合，その犯罪が比較的軽微なものであるときは許可が出る可能性があります。これに対して，有罪判決を受けているにもかかわらず「犯罪歴の有無」の欄の「無」を選択すると，犯罪歴があることに加えて申請書に虚偽の記載をしたという点で，審査官の心証をさらに悪くし，不許可になる可能性が大きくなります。

　そこで，行政書士が取次申請を受任したときは，必ず過去の犯罪歴有無を確認し，万一犯罪歴があるときはその詳細を確認して，上記の資料や上申書を提出するようにしてください。申請人に犯罪歴の有無の確認をせずに取次申請をして，その申請が不許可になったとき，クライアントから「前科があると不許可になり得るということを行政書士から聞いていればその説明をしたのに，行政書士が聞いてくれなかったから不許可になった」というような，行政書士からすると「逆ギレ」のようなクレームを受ける恐れがあります。とはいえ，お客様である申請人に「犯罪歴はありますか？」とはなかなか聞きにくいものです。筆者の事務所ではクライアントに渡す書類リストの欄外に「もし犯罪歴があるときは事前にご相談ください」という注意書きを入れて，後から「犯罪歴の有無を確認されなかった」というクレームが来るのを防ぐようにしています。

（2）　税金の滞納

　重大な納税義務の未履行があると在留資格の変更や更新が認められないことがあります。

　どのような納税義務違反が不許可事由になるほど重大なものと言えるかは，その時々の審査の傾向や個々の審査官の裁量により異なりますが，一般的には重加算税がかかっているような場合には，申請が不許可になるリスクが高いと考えられます。

（3）　加入義務がある健康保険等への未加入若しくは保険料等の未払い

　2021年8月の時点において，少なくとも筆者の事務所で申請したケースでは，社会保険又は国民健康保険・国民年金の未加入・未払いが理由で「経営・管理」や「技術・人文知識・国際業務」等本書で取り扱う申請が不許可になったことはありません。しかし，「特定技能」の在留資格は，所属機関が「労働，社会保険及び租税に関する法令の規定を遵守」していなければ許可されません。また，2019年7月から永住許可申請において社会保険又は国民健康保険・国民年金の未加入・未払いについてこれまで以上に厳しく審査されることになりました。そこで，政府内には社会保険又は国民健康保険・国民年金の未加入・未払いを問題視する声があることから，就労可能な在留資格についてもこの点の審査が厳格化する可能性があります。

（4）　各種届出の未履行

　例えば，「活動機関に関する届出」「契約機関に関する届出」（後述）の未履行がこれに当たります。しかし，筆者の経験上，これらの届出義務違反だけで申請が不許可になったことはありません。もっとも，これらの届出が遅れたことを理由に更新前は3年間であった在留期間が，更新後は1年間になった例があります。

（5）　所属機関の経営難等

　所属機関の財務内容が悪いと，所属機関の経営の継続性・安定性が認められないとして申請が不許可になることがあります。

　特に,「経営・管理」の在留資格を申請する際にこの継続性・安定性が求められます。そこで, 例えば所属機関が債務超過になっている場合等は, 決算書に加えて, 事業計画書を作成して, 将来的には経営が改善する見込みであることを立証する必要があります。

(6)　外国人採用の必要性が認められないこと

　一般的には, 所属機関に外国人採用の必要性が認められない（日本人従業員で足りる）と,「変更・更新を適当と認めるに足りる相当の理由がある」とは認められないとして申請が不許可になり得ると言われています, しかし, 筆者の経験では, 日本人を採用すれば十分だから外国人の採用は認めないという理由で申請が不許可になったことはありません。

　これに対して, 取引先にも従業員にも外国企業や外国人がいないのに申請人が通訳・翻訳業務に従事するとして申請すると,「申請人が通訳・翻訳業務に従事するとは認められない（信じられない）」と言われて申請が不許可になることがあります。これは,「外国人採用の必要性が認められない」と言うこともできますが, 不許可通知書の記載では「申請人が申請に係る活動に従事するとは思えない」つまり「在留資格該当性がない」とされるのが通常です。

(7)　申請内容に信憑性が認められないこと

入管法第 7 条
　入国審査官は, 前条第 2 項の申請があつたときは, 当該外国人が次の各号（第 26 条第 1 項の規定により再入国の許可を受けている者又は第 61条の 2 の 12 第 1 項の規定により交付を受けた難民旅行証明書を所持している者については, 第 1 号及び第 4 号）に掲げる上陸のための条件に適合しているかどうかを審査しなければならない。
　一　（略）
　二　(A)**申請に係る本邦において行おうとする活動が虚偽のものでなく,**
　　　別表第一の下欄に掲げる活動（略）又は別表第二の下欄に掲げる身分
　　　若しくは地位（略）を有する者としての活動のいずれかに該当し, か

つ，別表第一の二の表及び四の表の下欄に掲げる活動を行おうとする者については我が国の産業及び国民生活に与える影響その他の事情を勘案して法務省令で定める基準に適合すること（略）。

Ⓐ 「申請に係る本邦において行おうとする活動が虚偽のものでなく」

　在留資格認定証明書交付申請においては，申請が虚偽のものでないことが条文上の要件となっています。

　在留資格変更許可申請及び在留期間更新許可申請等の申請においても，申請内容に虚偽があると認められるときは，申請が不許可になる可能性が高いです。

　申請内容が虚偽であると認定される場合としては，申請人が数年前の別の申請の際に提出した履歴書や過去の在職証明書の記載と，今回の申請で提出した書類の間に矛盾がある場合（例えば，以前提出した書類では申請人は2017年にはA社に勤務していたと記載されているのに，今回の申請では2017年にはB社に勤務していたと記載されている場合）が挙げられます。

　また，申請人又は所属機関が過去にも虚偽申請をしていたような場合は，たとえ申請書類の中には明確な矛盾点がなくても信憑性に欠けるいう理由で申請が不許可になることがあります。

　提出書類の中に矛盾が出てしまうことを防止するためには，申請取次を受任した際には，申請人が過去に提出した申請書と添付書類の控えを全てもらって矛盾がないかチェックできることが理想的ですが，実務上，過去の申請書類を全部保存している人は稀ですし，全ての申請において過去の書類を全てチェックするような手間をかけていては，行政書士事務所としての採算が合わなくなってしまいます。そこで，本人申請が不許可になった事案を行政書士が再申請する場合や調理師として「技能」の在留資格を申請する場合のように入管が過去の書類をチェックする可能性が高い事案の場合等に限って特に過去の書類をチェックするようにする等，一定の割り切りが必要だと思います。

Ⅱ　在留期間

　「高度専門職 1 号イ・ロ・ハ」の在留資格は一律 5 年，「技術・人文知識・国際業務」「企業内転勤」「技能（料理人の場合）」の在留期間は，3ヶ月，1 年，3 年，5 年のいずれか，「経営・管理」は 1 年，3 年，5 年に加え，起業準備期間を考慮した 3ヶ月，4ヶ月，6ヶ月，「特定技能 1 号」は 4ヶ月，6ヶ月，1 年，「特定技能 2 号」は 6ヶ月，1 年，3 年のいずれかとなっています。申請人側で申請書等に希望する在留期間を記載しても，実際には入管側が雇用期間や所属機関の規模やその継続性・安定性等を考慮して期間を決定します。

　とはいえ，いつも 1 年間の在留期間しか許可されないクライアントから，次回はもっと長い在留期間を取ってほしいと言われることも多々あります。いつも 1 年間の在留期間しか許可されないのは，入管側が毎年在留状況の確認が必要であると考えているためです。具体的には，申請人の雇用契約が 1 年間の有期雇用契約となっている，所属機関のカテゴリーが 4 に該当している，所属機関の売上が小さい又は大きな赤字を出している等事業の継続性・安定性に疑問が残る，といった場合には 1 年の在留期間しか許可されないことがあります。このような場合，行政書士としては，短期間の在留期間しか許可されない原因を推測し，例えば雇用契約が 1 年間の有期雇用契約であることが問題であると思われる時は，雇用主から「雇用契約書は 1 年間の有期雇用契約となっているが，勤務態度や業務能力に特段の問題がなければ，雇用契約を更新して 1 年を超えて勤務してもらう所存である」という上申書を提出してもらう等の努力が必要です（上申書の文面は行政書士が作りましょう）。

　また，所属機関の売上が小さいとか赤字を計上しているような場合は，事業計画書を作って事業の継続性・安定性を説明してください。

　なお，申請人が日本に居住しておらず，1 年間の滞在日数がのべ 3ヶ月にも満たないような場合も，3 年以上の在留期間が許可されにくいです。このような場合，筆者の経験上は，いくら上申書等を添付して説明しても希望通りの在留期間が許可されることは非常に稀です（所属機関のカテゴリーが 1 又は 2 の場合を除く）。

　どうしても長期間の在留資格が欲しいというクライアントの希望がある場合

は，「高度専門職」の在留資格（後掲）も検討してみてください。「高度専門職」のポイント計算方法は，高度人材外国人の制度が創設されて以来何度も改正されており，今ではこの在留資格を得るのに必要なポイント計算表上の計算結果70点を得点することが比較的容易になっています。「高度専門職」（第1号）の在留期間は一律に5年間とされているため，所属機関がどんなに小規模でも，申請人がほとんど日本に滞在していなくても，必ず5年間の在留期間が許可されます。

Ⅲ　各在留資格の説明

　実務上，企業からよく依頼を受ける「経営・管理」「技術・人文知識・国際業務」「企業内転勤」「技能」「特定技能」「高度専門職」「家族滞在」の在留資格に的を絞って説明します。

　ここでは在留資格ごとに入管法別表と基準省令の条文を掲載し，そこに説明を加えていきます。本書のような入門書では読みにくい条文を噛み砕いた表現に置き換えて掲載すべきとも思えますが，あえて条文を掲載するのは，行政書士の中にも入管法や基準省令の条文をあまり読んでいない方がいるからです。わかり易い説明には言い換えや省略がつきものですので，もし入管業務を始めた当初から条文を読まないまま解説文や実務経験だけで知識を蓄えていくと，必ず知識に偏りや漏れが生じます。

　例えば，英会話教室や語学学校等に所属せず，個人の依頼を受けて英会話レッスンをする外国人は「技術・人文知識・国際業務」の在留資格を許可され得るでしょうか？　基準省令上は，「語学の指導」に従事するときは大学を卒業しており，日本人と同等以上の報酬支払があれば足りることになっています。しかし，入管法別表第一の二の表の「技術・人文知識・国際業務」の項の下欄には，この在留資格で認められる活動は「本邦の公私の機関との契約に基づいて行う（略）活動」であると書かれています。とすると，「本邦の公私の機関」とは言い難い一個人と直接契約して英語のレッスンをすることは「技術・人文知識・国際業務」の活動に該当せず，在留資格は許可されないことになります。ところが，入管法別表をきちんと読まず，「技術・人文知識・国際業務」の在留

資格の要件は所定の学歴・職歴と日本人と同等以上の報酬と漫然と理解している方は，この外国人が大学を出ており，個人から十分な金額の報酬を得られれば「技術・人文知識・国際業務」の在留資格を許可され得ると考えてしまうおそれがあります。

　条文を丸暗記する必要はありませんが，申請を準備する際は入管法別表と基準省令の該当箇所の文言をひとつひとつ確認する習慣をつけてください。

　以下，条文の文言だけではわかりにくい部分や補足が必要な箇所にだけ説明を付けてあります。説明がない部分は条文を読んで頂く必要がありますので，説明の部分だけを飛ばし読みしないようにしてください。

（1）　経営・管理

　「経営・管理」の在留資格は，「本邦において貿易その他の事業の経営を行い又は当該事業の管理に従事する活動」を行うための在留資格です。具体的には，会社の代表取締役（経営者）や，大企業の管理職クラス（管理者）の方々が該当します。

①　「経営・管理」の在留資格を得るためには？

1.　在留資格該当性（申請人の行う活動が以下のような活動であること）

入管法別表第一の二の表の経営・管理の項の下欄に掲げる活動
　本邦において貿易その他の事業の経営を行い又は当該事業の**⒜管理**に従事する活動（**⒝この表の法律・会計業務の項の下欄に掲げる資格を有しなければ法律上行うことができないこととされている事業の経営又は管理に従事する活動を除く。**）

⒜　「管理」

　比較的大きな会社の役員あるいは部長クラス。従業員が 10 名未満の小規模事業所では，事業の経営を行う代表取締役等事業所の長以外に事業の管理を行うだけの管理業務が存在しないとの理由で「管理者」として「経営・管理」の在留資格が許可されにくいのでご注意ください。

Ⓑ 「この表の法律・会計業務の項の下欄に掲げる資格を有しなければ法律上
行うことができないこととされている事業の経営又は管理に従事する活動
を除く。」

外国法事務弁護士事務所等「法律・会計」の在留資格が必要な士業事務
所の経営・管理に従事する時は，「法律・会計」の在留資格が必要です。

2. 基準適合性（申請人が次の基準に適合していること）

基準省令「法別表第一の二の表の経営・管理の項の下欄に掲げる活動」の
基準

一　申請に係る事業を営むための**Ⓐ事業所が本邦に存在すること**。ただし，
当該事業が開始されていない場合にあっては，当該事業を営むための事
業所として使用する施設が本邦に確保されていること。

二　申請に係る事業の規模が次のいずれかに該当していること。

イ　その経営又は管理に従事する者以外に本邦に居住する 2 人以上の常
勤の職員（**Ⓑ法別表第一の上欄の在留資格をもって在留する者を除
く。**）が従事して営まれるものであること。

ロ　**Ⓒ資本金の額又は出資の総額**が 500 万円以上であること。

ハ　イ又はロに準ずる規模であると認められるものであること。

三　申請人が事業の管理に従事しようとする場合は，事業の経営又は管理
について 3 年以上の経験（大学院において経営又は管理に係る科目を専
攻した期間を含む。）を有し，かつ，日本人が従事する場合に受ける報
酬と同等額以上の報酬を受けること。

Ⓐ 「事業所が本邦に存在すること」

継続的に事業に専用できる独立した物理的スペースが求められています。
物理的にスペースを賃借せず登記簿上の住所や電話転送サービスだけを利
用するヴァーチャルオフィスや，1 つの部屋を他の事業所の人たちと共有
するシェアードオフィスで，物理的に独立した占有スペースがない場所は
「事業所」として認められません。他の会社の事務所や申請人の自宅の一

部を事業所にする場合，他の会社の事務所・自宅の居住部分と事業所として使用する部分が別々の部屋になっているか，少なくとも天井近くまであるパーティションで仕切って事業所の独立性を確保する必要があります。独立性・専用性の有無の判断は入管の審査官の裁量に委ねられる部分が大きく，例えば自宅内の一室を事業専用の部屋にしても，居住部分を通らないと事業専用の部屋に行けないという理由で独立性がないと判断されたこともあります。したがって，他の会社や自宅の一部を「事業所」とすることはなるべく避けたいものです。

Ⓑ　「法別表第一の上欄の在留資格をもって在留する者を除く。」

「技術・人文知識・国際業務」等，居住資格以外の在留資格で在留する外国人は，この「常勤の職員」の数に参入されません。「常勤の職員」に数えられるのは，日本人又は永住者・日本人の配偶者等・定住者・永住者の配偶者等の在留資格を有する外国人です。

Ⓒ　「資本金の額又は出資の総額」

以前は資本金の額又は出資の総額が 500 万円であるだけでは足らず，500 万円以上を事務所の賃料や設備等に実際に投資していることが必要と言われることがありましたが，現行法上は登記事項証明書上の資本金又は出資金の総額が 500 万円以上であれば，それ以上の説明や立証なしで申請しても構いません。

3.　提出資料により在留資格該当性，基準適合性を立証できること

本章 I 3.「提出資料により在留資格該当性，基準適合性を立証できること」で述べたとおり，単に必要書類を収集・提出すれば足りるわけではなく，その書類で「在留資格該当性」及び「基準適合性」を立証する必要があります。

②　その他，注意事項

比較的小規模な企業等を所属機関として「経営・管理」の在留資格を申請するとき，その所属機関に既に日本人，永住者等の居住資格を有する外国人，又は「経営・管理」の在留資格を有する外国人の代表者（例：株式会社の代表取締役）がいると，既に所属機関を経営している者がいる以上，当該申請人が「経

営・管理」の在留資格を得て当該所属機関の経営に従事する必要性が認められ
ない，あるいは申請人が当該所属機関において管理者の業務に従事するほどの
職員がいないとして許可がおりないことがあります。

　このような場合には，申請人に「経営・管理」の在留資格が許可されたら，
申請人のみが経営業務に従事すること（例えば，既存の代表者は退任する，あるい
は海外在住のため事実上所属機関を経営できない），あるいは申請人が管理者とし
て事業や職員を管理する必要性があること（例：常勤職員以外にアルバイトの職員
が多数いるため経営者以外に職員を管理する管理者が必要であること）を説明して，
既存の代表者がいるにもかかわらず，申請人が経営・管理活動に従事するだけ
の経営・管理業務が存在すること，申請人が経営・管理活動に従事する必要性
があることを説明すべきです。

　また，入国・在留審査要領においては，「事業所の経営又は管理に実質的に従
事するもの」でないと在留資格該当性がないと述べています。「実質的に」とは，
「名ばかりの経営者でなく，実質的に当該事業の運営を行うものであるかどう
かを判断する」とされており，特に新設会社においては，厳しくチェックされ
るため，年に短期間のみ本邦に滞在をして活動を行うような申請者の場合には，
実質的に経営・管理活動を行うという点を十分にアピールした上での申請が望
ましいでしょう。

(2) 技術・人文知識・国際業務

　「技術・人文知識・国際業務」は，「本邦の公私の機関との契約に基づいて行
う理学，工学その他の自然科学の分野若しくは法律学，経済学，社会学その他
の人文科学の分野に属する技術若しくは知識を要する業務又は外国の文化に基
盤を有する思考若しくは感受性を必要とする業務に従事する活動」を行うため
の在留資格です。具体的には，企業に勤めるエンジニア等です。外資系企業の
場合は，海外から転勤してくるエクスパットではなくローカルスタッフと呼ば
れる日本採用の外国人スタッフが典型的な「技術・人文知識・国際業務」の保
持者です。

①　「技術・人文知識・国際業務」の在留資格を得るには？

1.　在留資格該当性（申請人の行う活動が以下の活動に該当すること）

入管法別表第一の二の表の技術・人文知識・国際業務の項の下欄に掲げる活動

　　Ⓐ**本邦の公私の機関**とのⒷ**契約**に基づいて行うⒸ**理学，工学その他の自然科学の分野若しくは法律学，経済学，社会学その他の人文科学の分野に属する技術若しくは知識を要する業務**又は外国の文化に基盤を有する思考若しくは感受性を必要とする業務に従事する活動（一の表の教授の項，芸術の項及び報道の項の下欄に掲げる活動並びにこの表の経営・管理の項から教育の項まで及び企業内転勤の項から興行の項までの下欄に掲げる活動を除く。）

Ⓐ　「本邦の公私の機関」

　日本に拠点を有しない外国所在の会社に雇われて就労することはできません。

Ⓑ　「契約」

　「雇用」と明示されていないので，「委任契約」「請負契約」「業務委託契約」でも本在留資格が認められる余地があります。また，「常勤」「正社員」とも記載されていない以上，非常勤社員やアルバイトでも本在留資格が許可される余地があります。

　もっとも，実際には長期間（1年間以上）の常勤雇用契約により就労する場合は，本在留資格がスムーズに許可されやすいのに対し，非常勤の雇用契約，1年未満の雇用契約の場合は，3年間又は5年間の在留期間が認められにくいです。

Ⓒ　「理学，工学その他の自然科学の分野若しくは法律学，経済学，社会学その他の人文科学の分野に属する技術若しくは知識を要する業務」

　いわゆるホワイトカラーの頭脳労働でないと「技術・人文知識・国際業務」の在留資格は許可されません（詳細は「②その他，注意事項」参照）。

2. 基準適合性（申請人が次の基準に適合していること）

基準省令「法別表第一の二の表の技術・人文知識・国際業務の項の下欄に掲げる活動」の基準

一　申請人が自然科学又は人文科学の分野に属する技術又は知識を必要とする業務に従事しようとする場合は，従事しようとする業務について，次のいずれかに該当し，これに必要な技術又は知識を修得していること。ただし，申請人が情報処理に関する技術又は知識を要する業務に従事しようとする場合で，法務大臣が告示をもって定める情報処理技術に関する試験に合格し又は法務大臣が告示をもって定める**Ⓐ情報処理技術に関する資格**を有しているときは，この限りでない。

　イ　当該技術若しくは知識に**Ⓑ関連する科目を専攻して**Ⓒ**大学**を卒業し，又は**Ⓓこれと同等以上の教育**を受けたこと。

　ロ　当該技術又は知識に関連する科目を専攻して**Ⓔ本邦の専修学校の専門課程**を修了（当該修了に関し法務大臣が告示をもって定める要件に該当する場合に限る。）したこと。

　ハ　**Ⓕ10年以上の実務経験**（大学，高等専門学校，高等学校，中等教育学校の後期課程又は専修学校の専門課程において当該技術又は知識に関連する科目を専攻した期間を含む。）を有すること。

二　**Ⓖ申請人が外国の文化に基盤を有する思考又は感受性を必要とする業務**に従事しようとする場合は，次のいずれにも該当していること。

　イ　翻訳，通訳，語学の指導，広報，宣伝又は海外取引業務，服飾若しくは室内装飾に係るデザイン，商品開発その他これらに類似する業務に従事すること。

　ロ　従事しようとする業務に関連する業務について3年以上の実務経験を有すること。ただし，大学を卒業した者が翻訳，通訳又は語学の指導に係る業務に従事する場合は，この限りでない。

三　**Ⓗ日本人が従事する場合に受ける報酬と同等額以上の報酬**を受けること。

　ただし，申請人が，外国弁護士による法律事務の取扱いに関する特別

措置法（昭和 61 年法律第 66 号）第 58 条の 2 に規定する国際仲裁事件の手続についての代理に係る業務に従事しようとする場合は，上記基準に該当する必要はない。

Ⓐ　「情報処理技術に関する資格」

　ITエンジニアとして就労する申請人が，「出入国管理及び難民認定法第 7 条第 1 項第 2 号の基準を定める省令の技術・人文知識・国際業務の在留資格に係る基準の特例を定める件」に掲げる資格を有していれば基準適合性が認められます（参考 URL：https://www.moj.go.jp/isa/laws/nyukan_hourei_h09.html）。

Ⓑ　「関連する科目を専攻して」

　単に大学を卒業しているだけでは足らず，大学等における専攻が所属機関における職務と関連性を有することが必要です。

Ⓒ　「大学」

　大学や大学院はもちろん，短期大学もここで言う「大学」に含まれます。そこで，職務と関連する科目を専攻して短大を卒業した場合も「技術・人文知識・国際業務」の基準適合性が認められます。

Ⓓ　「これと同等以上の教育」

　実務上，外国の専門学校は「これと同等以上の教育」と認められていません。

Ⓔ　「本邦の専修学校の専門課程」

　所属機関における職務と関連性を有する専攻で日本の専門学校を「専門士」の称号を得て卒業していることが必要です。基準に「本邦の」と書かれているため，外国の専門学校を卒業している場合は，この基準に適合しません。

Ⓕ　「10 年以上の実務経験」

　学歴が足らない場合でも，所属機関で行う業務と同じ（又は関連する）業務について 10 年間の職歴を過去の勤務先発行の在職証明書で立証できれば「技術・人文知識・国際業務」の在留資格を得ることができます。

Ⓖ 「申請人が外国の文化に基盤を有する思考又は感受性を必要とする業務」

　このような業務を「国際業務」と言い，学歴・職歴要件が緩和されます。「国際業務」については「②その他，注意事項」で詳述します。

　翻訳，通訳又は語学の指導（例：英会話学校の先生）に従事するときは，大学を卒業していれば専攻に関わらず「技術・人文知識・国際業務」の在留資格を得ることができます。

Ⓗ 「日本人が従事する場合に受ける報酬と同等額以上の報酬」

　原則として同じ所属機関で同じ業務に従事する日本人と比較して同等額以上であることが必要です。とはいえ，実務上は月額20万円前後の報酬を受け取っていれば，報酬が少ないことを理由に不許可になることはまずありません。逆に，報酬額が所属機関の所在する都道府県の法定最低賃金を割り込んでいれば不許可になる可能性が大きいです。

3. 提出資料により在留資格該当性，基準適合性を立証できること

　本章Ⅰ3.「提出資料により在留資格該当性，基準適合性を立証できること」で述べたとおり，単に必要書類を収集・提出すれば足りるわけではなく，その書類で「在留資格該当性」及び「基準適合性」を立証する必要があります。

② その他，注意事項

（a） 在留資格該当性が認められない業務について

　前述のとおり，「技術・人文知識・国際業務」の在留資格該当性が認められるためには，業務内容が「理学，工学その他の自然科学の分野若しくは法律学，経済学，社会学その他の人文科学の分野に属する技術若しくは知識を要する業務」に従事する必要があります。したがって，工場のラインに入って比較的単純な製造作業に従事する場合や，店舗におけるレジ打ち業務，建設現場における肉体労働等に従事する場合は，いかに学歴・職歴があっても「技術・人文知識・国際業務」の在留資格の在留資格該当性がなく許可を得ることができません。

　もっとも，どのような業務が「自然科学」又は「人文科学」の「技術若しくは知識を要する」と言えるかは必ずしも明らかではありません。例えば，

工場内や建設現場で就労するからといって無条件に在留資格該当性が認められないわけではなく，申請人が工場内で工学の専門知識が必要な高度な製造業務に従事する場合，工場の生産性向上を図るため工場内の製造工程を見直すような業務に従事する場合は，在留資格該当性が認められます。製造に係る業務では，業務内容に「設計」業務が含まれていると在留資格該当性が認められやすくなります。そこで，クライアントから提供された職務内容が「工場内での製造業務」となっているときは，具体的にどのような業務を行うのかヒアリングしてください。業務内容に「設計」等明らかに工学等の専門知識を要する業務が含まれている場合は，在留資格該当性が認められやすいような職務内容の記述を行政書士側から提案しましょう。もちろん，全ての申請は実態に合致したものでなければなりませんので，実際に設計業務に従事しない，あるいは従事するとしてもそれが業務のごく一部に過ぎないような場合に「当社が製造する精密機器の設計業務」等という職務内容を記載してはいけません。行政書士としては，あくまで実態に合致する範囲内で在留資格該当性が認められやすい表現を提案するようにしてください。

(b)　「国際業務」について

「当社に入社させたい外国人が大卒ではないのだが，就労可能な在留資格を取ることはできないのでしょうか？」という相談を受けることがあります。

このような場合，まずはその外国人の履歴書をもらって，その会社で従事しようとする業務につき10年間以上の職歴があるかを確認します。しかし，その外国人がまだ20代前半であれば10年間の職歴はあり得ませんし（実務上高校卒業後の職歴しか10年間の職歴としてカウントされないと思っておいたほうが無難です），また高校卒業後10年以上経っていても全く畑違いの職歴しかない場合もあります。

このようなケースで活用したいのが「国際業務」に従事するための「技術・人文知識・国際業務」の在留資格申請です。

入管法上の「国際業務」とは，「翻訳，通訳，語学の指導，広報，宣伝又は海外取引業務，服飾若しくは室内装飾に係るデザイン，商品開発」等外国人独特の感性や外国人の母国語が必要になる外国人でないと行い難いような業

務のことです。このような業務に従事する場合は，その業務に関連する業務について3年以上の職歴があれば，10年間の職歴がなくとも「技術・人文知識・国際業務」の基準適合性が認められます。中でも「海外取引業務」は，日本で就労する外国人が実際に行うことが多い業務ですので，この規定を活用できることがあります。仮にクライアントから提供された職務内容の記述に海外取引業務という言葉が入っていなくても，実際に従事する業務の中に海外ビジネスが入っているのであれば，行政書士側で基準適合性が認められるような職務内容の記述を提案しましょう。例えば，クライアントから提供された職務内容が「法人営業」であった場合，営業先が海外企業でないかクライアントに確認してください。海外企業に対して営業をして商品を売り込む（売買ですから「取引」と言えます）業務を行うのであれば，「当社海外取引先に当社製品を販売する海外取引業務」といった職務内容を提案して，所属機関名義で発行する「職務内容証明書」に記載してもらいましょう。

　なお，基準省令に記載されているとおり，「翻訳，通訳，語学の指導」の業務に従事する場合は，大卒であれば，専攻と職務内容の関連性が不要とされていますが，仮に大卒でないときも，「翻訳，通訳，語学の指導」業務につき3年間の職歴があれば基準適合性が認められることも念頭に置いておくとよいでしょう。

（3）　企業内転勤

「企業内転勤」は，「本邦に本店，支店その他の事業所のある公私の機関の外国にある事業所の職員が，本邦にある事業所に期間を定めて転勤して，当該事業所において行う理学，工学その他の自然科学の分野に属する技術又は知識を要する業務に従事する活動若しくは法律学，経済学，社会学その他の人文科学の分野に属する知識を必要とする業務に従事する活動」を行うための在留資格です。

　具体的には海外にある親会社からその日本支店や日本子会社に転勤してくるいわゆるエクスパットの方々がこれに該当します。逆に，日本の大手企業の海外子会社から転勤してくる場合もこの在留資格に該当します。

① 「企業内転勤」の在留資格を得るには？

　1. 在留資格該当性（申請人の行う活動が以下のような活動であること）

入管法別表第一の二の表の企業内転勤の項の下欄に掲げる活動

　本邦に㋐**本店，支店その他の事業所**のある公私の機関の外国にある事業所の職員が本邦にある事業所に㋑**期間を定めて転勤**して㋒<u>当該事業所において行う</u>この表の㋓<u>技術・人文知識・国際業務の項の下欄に掲げる活動</u>

　㋐　「本店，支店その他の事業所」

　　　以下のような異動であることが必要です。

　　　①　親会社・子会社間の異動

　　　②　同一法人の本店・支店・営業所・駐在員事務所間の異動

　　　③　親会社・孫会社間の異動，及び子会社・孫会社間の異動

　　　④　子会社間の異動

　　　⑤　孫会社間の異動

　　　⑥　親会社・関連会社，子会社・子会社の関連会社間の異動

　　　親子会社や関連会社の正確な定義は，昭和38年大蔵省令第59号財務諸表等の用語，様式及び作成方法に関する規則第8条に記載されています。

　㋑　「期間を定めて転勤」

　　　あらかじめ期間が定まっていない転勤は在留資格該当性がありません。もっとも，実務上，「企業内転勤」の在留資格を得た後で業務の都合等により転勤期間を短縮・伸長することは認められます。

　㋒　「当該事業所において行う」

　　　「当該事業所」内に勤務する必要があるので，労働者派遣事業法上の派遣労働者として所属機関の客先にて勤務することは認められないという解釈が入管当局内で有力です。派遣の場合は「企業内転勤」ではなく「技術・人文知識・国際業務」を申請するべきです。

　㋓　「技術・人文知識・国際業務の項の下欄に掲げる活動」

　　　「企業内転勤」の場合も，アカデミックな専門知識を要する業務に従事することが必須です。農作業，工場内での単純作業，家事使用人としての

業務等，「技術・人文知識・国際業務」で認められない業務に従事する場合
は，「企業内転勤」の在留資格も得ることができません。

2. 基準適合性（申請人が次の基準に適合していること）

基準省令「法別表第一の二の表の企業内転勤の項の下欄に掲げる活動」の
基準

一　申請に係る転勤の_Ⓐ**直前に**外国にある本店，支店その他の事業所にお
　　いて_Ⓑ**法別表第一の二の表の技術・人文知識・国際業務の項の下欄に掲
　　げる業務に従事している場合で**，その期間（_Ⓒ**企業内転勤の在留資格を
　　もって外国に当該事業所のある公私の機関の本邦にある事業所において
　　業務に従事していた期間がある場合**には，当該期間を合算した期間）が
　　_Ⓓ**継続して** 1 年以上あること。
二　_Ⓔ**日本人が従事する場合に受ける報酬と同等額以上の報酬**を受けるこ
　　と。

Ⓐ　「直前に」

　　転勤直前に一度退職していたら，転勤時に再度雇用されていても基準適
合性がありません。転勤直前まで外国にある本店等に在職していることが
必要なので，過去の勤務実績は使えません。

Ⓑ　「**法別表第一の二の表の技術・人文知識・国際業務の項の下欄に掲げる業
　　務に従事している場合で**」

　　どんな業務でもよいわけではなく，「技術・人文知識・国際業務」（すな
わちアカデミックな専門知識を要する業務）に従事していなければ基準適合性
がありません。

Ⓒ　「**企業内転勤の在留資格をもって外国に当該事業所のある公私の機関の本
　　邦にある事業所において業務に従事していた期間がある場合**」

　　過去 1 年以内に日本に転勤していた外国人が派遣元等に戻った後，再度
日本に転勤するときは，日本に在留していた期間も 1 年間の勤務経験に参
入できるという意味です。「企業内転勤」の在留資格で日本に在留してい

た期間しか参入されませんので，注意してください。

Ⓓ 「継続して」

転勤前1年以内に一度退職して再就職した場合は，基準適合性がありません。過去複数回に分けて勤務した場合に，その複数の勤務期間を合計すれば1年以上の勤務実績がある場合も，基準適合性がありません。

Ⓔ 「日本人が従事する場合に受ける報酬と同等額以上の報酬」

原則として同じ所属機関で同じ業務に従事する日本人と比較して同等額以上であることが必要です。とはいえ，実務上は月額20万円前後の報酬を受け取っていれば，報酬が少ないことを理由に不許可になることはまずありません。報酬額が所属機関の所在する都道府県の法定最低賃金を割り込んでいれば不許可になる可能性が大きいです。

3. 提出資料により在留資格該当性，基準適合性を立証できること

本章Ⅰ3.「提出資料により在留資格該当性，基準適合性を立証できること」で述べたとおり，単に必要書類を収集・提出すれば足りるわけではなく，その書類で「在留資格該当性」及び「基準適合性」を立証する必要があります。

② その他，注意事項

入管法所定の活動に「期間を定めて転勤」とあるので，「企業内転勤」の在留資格を得るためには転勤の期間が決まっている必要があります。そこで，申請書の就労予定期間や派遣元の辞令・転勤命令書等の就労予定期間の欄に「期間の定めなし」と書くと不許可になるおそれがありますので，注意してください。

なお，仮に就労予定期間を「1年間」と記載して「企業内転勤」の在留資格を得ても，後から転勤の期間を延長することが決まったときは，在留期間更新許可申請しても問題ありません。

(4) 技 能

「技能」は，「本邦の公私の機関との契約に基づいて行う産業上の特殊な分野に属する熟練した技能を要する業務に従事する活動」を行うための在留資格です。

具体的には，インド料理や中華料理等の外国料理の料理人，パイロット，ワ

インのソムリエ等がこれにあたります。

① 「技能」の在留資格を得るには？

　1. 在留資格該当性（申請人の行う活動が以下のような活動であること）

入管法別表第一の二の表の技能の項の下欄に掲げる活動
　Ⓐ**本邦の公私の機関との契約に基づいて行う**産業上の特殊な分野に属す
るⒷ**熟練した技能を要する業務に従事**する活動

　　Ⓐ　「本邦の公私の機関との契約に基づいて行う」

　　　日本国内の企業等に直接雇われて給与の支払いを受けることが必要です。
　　レストランは法人化されていない個人事業の形態で営まれていることもあ
　　りますが，これも「本邦の公私の機関」に該当するので，「技能」の在留資
　　格申請の所属機関になることができます。

　　Ⓑ　「熟練した技能を要する業務に従事」

　　　このような業務に従事すれば在留資格該当性はあるはずですが，実際に
　　は基準省令に明示された職種でないと「技能」の在留資格は許可されない
　　のが原則です。

　2. 基準適合性（申請人が次の基準に適合していること）

基準省令「法別表第一の二の表の技能の項の下欄に掲げる活動」の基準
　申請人が次のいずれかに該当し，かつ，Ⓐ**日本人が従事する場合に受け
る報酬と同等額以上の報酬**を受けること。
一　料理の調理又は食品の製造に係る技能でⒷ**外国において考案され**Ⓒ**我
　が国において特殊なものを要する**業務に従事する者で，次のいずれかに
　該当するもの（第９号に掲げる者を除く。）
　イ　当該技能についてⒹ**10年以上の実務経験**（Ⓔ**外国の教育機関**におい
　　て当該料理の調理又は食品の製造に係る科目を専攻した期間を含む。）
　　を有する者

ロ　ⓕ経済上の連携に関する日本国とタイ王国との間の協定附属書七第1部A第5節1（c）の規定の適用を受ける者

二　ⓖ外国に特有の建築又は土木に係る技能について10年（当該技能を要する業務に10年以上の実務経験を有する外国人の指揮監督を受けて従事する者の場合にあっては，5年）以上の実務経験（外国の教育機関において当該建築又は土木に係る科目を専攻した期間を含む。）を有する者で，当該技能を要する業務に従事するもの

三　ⓗ外国に特有の製品の製造又は修理に係る技能について10年以上の実務経験（外国の教育機関において当該製品の製造又は修理に係る科目を専攻した期間を含む。）を有する者で，当該技能を要する業務に従事するもの

四　宝石，貴金属又は毛皮の加工に係る技能について10年以上の実務経験（外国の教育機関において当該加工に係る科目を専攻した期間を含む。）を有する者で，当該技能を要する業務に従事するもの

五　動物の調教に係る技能について10年以上の実務経験（外国の教育機関において動物の調教に係る科目を専攻した期間を含む。）を有する者で，当該技能を要する業務に従事するもの

六　ⓘ石油探査のための海底掘削，地熱開発のための掘削又はⓙ海底鉱物探査のための海底地質調査に係る技能について10年以上の実務経験（外国の教育機関において石油探査のための海底掘削，地熱開発のための掘削又は海底鉱物探査のための海底地質調査に係る科目を専攻した期間を含む。）を有する者で，当該技能を要する業務に従事するもの

七　航空機の操縦に係る技能について250時間以上の飛行経歴を有する者で，航空法（昭和27年法律第231号）第2条第18項に規定する航空運送事業の用に供する航空機に乗り組んで操縦者としての業務に従事するもの

ⓚ八　スポーツの指導に係る技能について3年以上の実務経験（外国の教育機関において当該スポーツの指導に係る科目を専攻した期間及び報酬を受けて当該スポーツに従事していた期間を含む。）を有する者若しくはこれに準ずる者として法務大臣が告示をもって定める者で，当該技能

を要する業務に従事するもの又はスポーツの選手としてオリンピック大
会，世界選手権大会その他の国際的な競技会に出場したことがある者で，
当該スポーツの指導に係る技能を要する業務に従事するもの
九　ぶどう酒の品質の鑑定，評価及び保持並びにぶどう酒の提供（以下
「ワイン鑑定等」という。）に係る技能について5年以上の実務経験（外
国の教育機関においてワイン鑑定等に係る科目を専攻した期間を含む。）
を有する次のいずれかに該当する者で，当該技能を要する業務に従事す
るもの
　イ　ワイン鑑定等に係る技能に関する国際的な規模で開催される競技会
　　（以下「国際ソムリエコンクール」という。）において優秀な成績を収
　　めたことがある者
　ロ　国際ソムリエコンクール（出場者が1国につき1名に制限されてい
　　るものに限る。）に出場したことがある者
　ハ　ワイン鑑定等に係る技能に関して国（外国を含む。）若しくは地方
　　公共団体（外国の地方公共団体を含む。）又はこれらに準ずる公私の
　　機関が認定する資格で法務大臣が告示をもって定めるものを有する者

Ⓐ　「日本人が従事する場合に受ける報酬と同等額以上の報酬」

　　一般的に「技術・人文知識・国際業務」の場合より報酬額が低くても許
可されやすいです。特に外国料理の調理人の場合は，月額報酬が15万円
から17万円程度でも許可がおりるのが通常です。但し，この場合，日本
で生活していくのが経済的に困難であるという理由で，この料理人の扶養
を受ける家族の「家族滞在」が許可されない可能性があります。

Ⓑ　「外国において考案され」

　　和食の調理では「技能」の在留資格は許可されないことになります（「技
能」以外の在留資格が許可されることはあります）。

Ⓒ　「我が国において特殊なものを要する」

　　いくら海外にルーツがある料理でも必ずしも本国で何年も経験を積んだ
料理人を必要としない料理であれば「技能」の在留資格は許可されないと
いうことです。例えば，日本のチェーン店で日本風にアレンジされた

「ラーメン」や「カレー」を調理する場合は，「技能」の在留資格が許可されない可能性が高いです。実務上，当該外国料理の「コースメニュー」があると基準適合性が認められやすくなります。そこで，コースメニューがある場合は，そのメニューの写しを提出してください。

Ⓓ　「10 年以上の実務経験」

　過去の勤務先から在職証明書を発行してもらい立証する必要があります。虚偽の在職証明書を提出するケースが後を絶たないため厳しい審査を受けることがあります（「②その他，注意事項」で詳述）。

Ⓔ　「外国の教育機関」

　大学でなく料理の専門学校でも認められます。

Ⓕ　「経済上の連携に関する日本国とタイ王国との間の協定附属書七第 1 部 A 第 5 節 1（c）の規定の適用を受ける者」

　5 年間以上のタイ料理人としての実務経験，初級料理人の資格，来日前 1 年以内にタイ料理人としての平均賃金以上の報酬を得て働いていたこと（正確な要件は外務省のウェブサイトに掲載されています）が要件となります（参考 URL：https://www.mofa.go.jp/mofaj/gaiko/fta/j_asean/thailand/pdfs/fuzoku07.pdf）。

Ⓖ　「外国に特有の建築又は土木」

　実務上，カナダのツーバイフォー建築の職人，インドの煉瓦職人等が「技能」の在留資格を許可されています。「外国に特有の建築又は土木」である必要があるため，例えば和式の木造住宅や瓦屋根を作る職人の場合は，いかに職人として実務経験があっても「技能」の在留資格は許可されません。

Ⓗ　「外国に特有の製品」

　具体的には「ペルシャ絨毯」等がこれにあたります。

Ⓘ　「石油探査のための海底掘削」

　「石油探索のため」である必要があるため，貴金属探査のための掘削に従事する場合は認められません。

Ⓙ　「海底鉱物探査のための海底地質調査」

　「海底地質調査」ですから，地上の地質調査に従事する場合は認められ

ません。

Ⓚ 「八　スポーツの指導に係る技能」

　元々は，民間企業のラグビーチーム等実業団の監督やコーチ等が本号により「技能」の在留資格を許可されていましたが，近年日本でスキーやラフティング等のアウトドアスポーツを指導する外国人インストラクターが本号により「技能」の在留資格を許可されるケースが増えています。

3.　提出資料により在留資格該当性，基準適合性を立証できること

　本章Ⅰ3.「提出資料により在留資格該当性，基準適合性を立証できること」で述べたとおり，単に必要書類を収集・提出すれば足りるわけではなく，その書類で「在留資格該当性」及び「基準適合性」を立証する必要があります。

② その他，注意事項

　外国料理の調理人として「技能」の在留資格を申請するときは，申請人の調理における実務経験を立証するために，申請人が過去に勤務していたレストラン等から過去の在職を証明する証明書を取り寄せる必要があります。この証明書が偽造されることが少なくないため，入管当局が在職証明書に記載された電話番号に電話をして，「本当にこのレストランが存在して，申請人に対して在職証明書を発行したか？」「申請人は何年何月から何年何月まで勤務していたか？」等を確認することがあります。在職証明書に載っている電話番号が古いものでつながらない場合や，署名者が申請人のことを記憶しておらず入管当局の質問に答えられないような場合，申請が不許可になってしまいます。申請人，所属機関となるレストラン，あるいは行政書士自身が在職証明書記載の電話番号に電話をかけて，その番号でレストランに電話がつながること，申請人が過去に在職していたことを署名者が把握していることを確認しておいた方が安全です。

(5)　特定技能

　「特定技能」は，2019年4月1日に施行された改正入管法により新たに創設された在留資格で，「特定技能1号」は，「本邦の公私の機関との雇用に関する

契約に基づいて行う特定産業分野であって相当程度の知識又は経験を必要とする技能を要する業務に従事」する在留資格であり，「特定技能2号」は「本邦の公私の機関との雇用に関する契約に基づいて行う特定産業分野であって熟練した技能を要する業務に従事」する在留資格です。

特に「特定技能1号」では，これまでは認められていなかったような，専門的な知識・技術や熟練した技能を要しない業務に従事することも認められています。もっとも，この在留資格も外国人の単純労働を解禁したものではありません。

具体的には，介護，塗装，溶接，機械加工，農業，漁業，飲食物調理等，法務省令で定められた業務が認められています。

① 「特定技能1号」の在留資格を得るには？

1.「特定技能」特有の要件

本書で解説している就労可能な在留資格は，特段の問題がない限り，資格該当性と基準省令適合性を立証すれば在留資格が許可され得ます。「特定技能」も基本的には同様なのですが，資格該当性と基準省令適合性を判断する基準として，「特定技能雇用契約及び一号特定技能外国人支援計画の基準等を定める省令」（特定技能基準省令）や産業分野ごとの運用方針や上乗せ基準告示等，より詳細な基準が設けられている点で他の在留資格とは異なります。

2. 在留資格該当性（申請人の行う活動が以下のような活動であること）

入管法別表第一の二の表の特定技能の項の下欄に掲げる活動
一　Ⓐ**法務大臣が指定する本邦の公私の機関**とのⒷ**雇用に関する契約**（第2条の5第1項から第4項までの規定に適合するものに限る。次号において同じ。）に基づいて行うⒸ**特定産業分野**（人材を確保することが困難な状況にあるため外国人により不足する人材の確保を図るべき産業上の分野として法務省令で定めるものをいう。同号において同じ。）であつて法務大臣が指定するものに属する法務省令で定めるⒹ**相当程度の知識又は経験を必要とする技能を要する**Ⓔ**業務**に従事する活動

Ⓐ 「法務大臣が指定する本邦の公私の機関」

　特定技能1号の在留資格で外国人を受け入れる所属機関は，所定の諸条件を満たす機関である必要があります。

　その諸条件については，「特定技能雇用契約及び一号特定技能外国人支援計画の基準等を定める省令」（特定技能基準省令）の頁で詳述します。

Ⓑ 「雇用に関する契約」

　特定技能1号の在留資格で外国人を受け入れる受入れ機関は，当該外国人と「特定技能雇用契約」と呼ばれる特別な雇用契約の締結が必要です。

　この特定技能雇用契約が充足すべき諸条件は，「特定技能雇用契約及び一号特定技能外国人支援計画の基準等を定める省令」の頁で述べます。

Ⓒ 「特定産業分野」

　あらかじめ定められた特定の産業分野に係る業務を行うのでない限り在留資格該当性がなく「特定技能」の在留資格を得ることはできません。

　具体的には，介護，ビルクリーニング，素形材産業，産業機械製造業，電気・電子情報関連産業，建設，造船・舶用工業，自動車整備，航空，宿泊，農業，漁業，飲食料品製造業，外食業です。

Ⓓ 「相当程度の知識又は経験を必要とする技能を要する」

　「相当期間の実務経験等を要する技能をいい，特段の育成・訓練を受けることなく直ちに一定程度の業務を遂行できる水準のもの」をいいます（「特定技能外国人受入れに関する運用要領」参照）。

Ⓔ 「業務」

　特定の産業分野に加えて，業務の内容まで定められています。定められた業務に従事するのでない限り在留資格該当性がなく「特定技能」の在留資格を得ることはできません。

　具体的な業務内容は，「特定技能の在留資格に係る制度の運用に関する方針」の別紙1から14に産業分野ごとに定められています。

1. 介護分野

　　　身体介護等（利用者の心身の状況に応じた入浴，食事，排せつの介助等）

　　　とこれに付随する支援業務（レクリエーションの実施，機能訓練の補助等）。

訪問介護等の訪問系サービスにおける業務は対象外です。

2. ビルクリーニング分野

　　建築物内部の清掃

3. 素形材産業分野

　　技能試験の区分に従い鋳造，鍛造，ダイカスト，機械加工，金属プレス加工，工場板金，めっき，アルミニウム陽極酸化処理，仕上げ，機械検査，機械保全，塗装，溶接の業務区分が定められています。詳細は，「特定技能の在留資格に係る制度の運用に関する方針」の別紙3の別表を参照してください。

4. 産業機械製造業分野

　　技能試験の区分に従い鋳造，鍛造，ダイカスト，機械加工，金属プレス加工，鉄工，工場板金，めっき，仕上げ，機械検査，機械保全，電子機器組立て（組立て，修理），電子機器組立て（組立て，調整，検査），プリント配線板製造，プラスチック成形，塗装，溶接，工業包装の業務区分が定められています。詳細は，「特定技能の在留資格に係る制度の運用に関する方針」の別紙4の別表を参照してください。

5. 電気・電子情報関連産業分野

　　機械加工，金属プレス加工，工場板金，めっき，仕上げ，機械保全，電子機器組立て（組立て，修理），電気機器組立て（組立て，調整，検査），プリント配線板製造，プラスチック成形，塗装，溶接，工業包装の業務区分が定められています。詳細は，「特定技能の在留資格に係る制度の運用に関する方針」の別紙5の別表を参照してください。

6. 建設分野

　　型枠施工，左官，コンクリート圧送，トンネル推進工，建設機械施工，土工，屋根ふき，電気通信，鉄筋施工，鉄筋継手，内装仕上げ／表装，とび，建築大工，配管，建築板金，保温保冷，吹付ウレタン断熱，海洋土木工の業務区分が定められています。詳細は，「特定技能の在留資格に係る制度の運用に関する方針」の別紙6の別表を参照してください。

7. 造船・舶用工業分野

　　溶接，塗装，鉄工，仕上げ，機械加工，電気機器組立ての業務区分が定められています。詳細は，「特定技能の在留資格に係る制度の運用に関する方針」の別紙7の別表を参照してください。

8. 自動車整備分野

　　自動車の日常点検整備，定期点検整備，分解整備

9. 航空分野

　　技能試験の区分に応じて，空港グランドハンドリング（地上走行支援業務，手荷物・貨物取扱業務等），又は航空機整備（機体，装備品等の整備業務等）

10. 宿泊分野

　　宿泊施設におけるフロント，企画・広報，接客及びレストランサービス等の宿泊サービスの提供に係る業務

11. 農業分野

　　技能試験の区分に応じて，耕種農業全般（栽培管理，農産物の集出荷・選別等），又は畜産農業全般（飼養管理，畜産物の集出荷・選別等）

12. 漁業分野

　　技能試験の区分に応じて，漁業（漁具の製作・補修，水産動植物の探索，漁具・漁労機械の操作，水産動植物の採捕，漁獲物の処理・保蔵，安全衛生の確保等），又は養殖業（養殖資材の製作・補修・管理，養殖水産動植物の育成管理，養殖水産動植物の収穫（穫）・処理，安全衛生の確保等）

13. 飲食料品製造業分野

　　飲食料品製造業全般（飲食料品（酒類を除く）の製造・加工，安全衛生）

14. 外食業分野

　　外食業全般（飲食物調理，接客，店舗管理）

3.　基準適合性（申請人が次の基準に適合していること）

基準省令「法別表第一の二の表の特定技能の項の下欄第 1 号に掲げる活動」の基準

　申請人に係る特定技能雇用契約が法第 2 条の 5 第 1 項及び第 2 項の規定に適合すること及び特定技能雇用契約の相手方となる本邦の公私の機関が同条第 3 項及び第 4 項の規定に適合すること並びに申請人に係る一号特定技能外国人支援計画が同条第 6 項及び第 7 項の規定に適合することのほか，申請人が次のいずれにも該当していること。

一　申請人が次のいずれにも該当していること。ただし，申請人が外国人の技能実習の適正な実施及び技能実習生の保護に関する法律（平成 28 年法律第 89 号）第 2 条第 2 項第 2 号に規定する第 2 号企業単独型技能実習又は同条第 4 項第 2 号に規定する第 2 号団体監理型技能実習のいずれかを良好に修了している者であり，かつ，当該修了している技能実習において修得した技能が，従事しようとする業務において要する技能と関連性が認められる場合にあっては，ハ及びニに該当することを要しない。

　イ　十八歳以上であること。

　ロ　健康状態が良好であること。

　ハ　従事しようとする業務に必要な相当程度の知識又は経験を必要とする_Ⓐ**技能を有していることが試験その他の評価方法により証明されていること。**

　ニ　本邦での生活に必要な日本語能力及び従事しようとする業務に必要な_Ⓑ**日本語能力を有していることが試験その他の評価方法により証明されていること。**

　ホ　退去強制令書の円滑な執行に協力するとして_Ⓒ**法務大臣が告示で定める外国政府又は地域**（出入国管理及び難民認定法施行令（平成 10 年政令第 178 号）第 1 条に定める地域をいう。以下同じ。）の権限ある機関の発行した旅券を所持していること。

　ヘ　特定技能（法別表第一の二の表の特定技能の項の下欄第一号に係る

ものに限る。）の在留資格をもって本邦に在留したことがある者に
あっては，当該在留資格をもって在留した期間が通算して⑩**5年に達
していないこと**。

Ⓐ　「**技能を有していることが，試験その他の評価方法により証明されている
こと**」

　　特定産業分野の業務区分に対応する技能水準試験に合格することが必要
です。

　　但し，「技能実習2号」を良好に終了した者は試験を免除されます。

Ⓑ　「**日本語能力を有していることが，試験その他の評価方法により証明され
ていること**」

　　ここで求められる日本語能力は，ある程度日常会話ができ，生活に支障
がない程度の能力を有することを基本としつつ，特定産業分野ごとに業務
上必要な日本語能力です。

　　「国際交流基金日本語基礎テスト」（主催者：国際交流基金）でA2以上，又
は日本語能力試験（主催者：国際交流基金・日本国際教育支援協会）でN4以上
の成績を収めることが必要です。

　　但し，「技能実習2号」を良好に終了した者は試験を免除されます。

Ⓒ　「**法務大臣が告示で定める外国政府又は地域**」

　　イラン・イスラム共和国以外の国籍であること。

　　入管法における退去強制令書が発付されて送還されるべき外国人につい
て，自国民の引取り義務を履行しない等，退去強制令書の円滑な執行に協
力しない国・地域の外国人には，「特定技能」の在留資格が許可されません。
本書執筆の時点（2021年2月19日）では，イラン・イスラム共和国のみ
が協力しない国として告示に定められています。

Ⓓ　「**5年に達していないこと**」

　　特定技能1号で在留できる期間は最長で5年間です。5年間経過する前
に特定技能2号その他の在留資格に資格変更するか帰国する必要がありま
す。

二　申請人又はその配偶者，直系若しくは同居の親族その他申請人と社会
　　生活において密接な関係を有する者が，特定技能雇用契約に基づく申請
　　人の本邦における活動に関連して，保証金の徴収その他名目のいかんを
　　問わず，金銭その他の財産を管理されず，かつ，特定技能雇用契約の不
　　履行について違約金を定める契約その他の不当に金銭その他の財産の移
　　転を予定する契約が締結されておらず，かつ，締結されないことが見込
　　まれること。

三　申請人が特定技能雇用契約の申込みの取次ぎ又は外国における法別表
　　第一の二の表の特定技能の項の下欄第一号に掲げる活動の準備に関して
　　外国の機関に費用を支払っている場合にあっては，その額及び内訳を十
　　分に理解して当該機関との間で合意していること。

四　申請人が国籍又は住所を有する国又は地域において，申請人が本邦で
　　行う活動に関連して当該国又は地域において遵守すべき手続が定められ
　　ている場合にあっては，当該手続を経ていること。

五　食費，居住費その他名目のいかんを問わず申請人が定期に負担する費
　　用について，当該申請人が，当該費用の対価として供与される食事，住
　　居その他の利益の内容を十分に理解した上で合意しており，かつ，当該
　　費用の額が実費に相当する額その他の適正な額であり，当該費用の明細
　　書その他の書面が提示されること。

六　前各号に掲げるもののほか，法務大臣が告示で定める特定の産業上の
　　分野に係るものにあっては，当該産業上の分野を所管する関係行政機関
　　の長が，法務大臣と協議の上，当該産業上の分野に特有の事情に鑑みて
　　Ⓐ**告示で定める基準**に適合すること。

Ⓐ　「告示で定める基準」

　　産業分野ごとに上乗せ基準（上乗せ基準告示）にも適合する必要があります。

　　上乗せ基準告示[1]には，受入れ機関が産業分野ごとに設けられた協議会や業界団体に加入しなければならないこと等が定められています。

上乗せ基準告示では，介護分野及び建設分野につき特別な上乗せ基準が設けられているので，特に注意が必要です。

　　建設分野においては，受入れ機関は建設業許可を有している必要があり，また，報酬等を記載した「建設特定技能受入計画」について，国土交通省の認定を受ける必要があります。また，「特定技能1号の在留資格で受け入れる外国人の数と特定活動の在留資格で受け入れる外国人（外国人建設就労者）の数の合計が，受入れ機関の常勤の職員（外国人技能実習生，外国人建設就労者，1号特定技能外国人を除く。）の総数を超えないこと」という人数枠が定められています。

　　介護分野についても「一号特定技能外国人を受け入れる事業所において，一号特定技能外国人の数が，当該事業所の日本人，介護の在留資格保持者，介護福祉士としての活動を指定された特定活動の在留資格保持者，又は永住等の居住資格保持者である常勤介護職員の総数を超えないこと。」という人数枠が定められています。

4. 特定技能基準省令

　　入管法第2条の5の規定により，「特定技能雇用契約の相手方となる本邦の公私の機関」，「特定技能雇用契約」，及び「一号特定技能外国人支援計画」が，「特定技能雇用契約及び一号特定技能外国人支援計画の基準等を定める省令」（特定技能基準省令）に適合する必要があるとされています。

　　そこで，案件ごとに下記特定技能基準省令に適合しているか否かをチェックする必要があります。

Ⓐ**特定技能雇用契約**及び一号特定技能外国人支援計画の基準等を定める省令

第1条　出入国管理及び難民認定法（以下「法」という。）第2条の5第1項の法務省令で定める基準のうち雇用関係に関する事項に係るものは，労働基準法（昭和22年法律第49号）その他の労働に関す

1　上乗せ基準告示
　　https://www.moj.go.jp/isa/policies/ssw/nyuukokukanri05_00019.html

る法令の規定に適合していることのほか，次のとおりとする。

一　出入国管理及び難民認定法別表第一の二の表の特定技能の項の
　　下欄に規定する産業上の分野等を定める省令（平成 31 年法務省
　　令第 6 号）で定める分野に属する同令で定める相当程度の知識若
　　しくは経験を必要とする技能を要する業務又は当該分野に属する
　　同令で定める熟練した技能を要する業務に外国人を従事させるも
　　のであること。

二　外国人の所定労働時間が，特定技能所属機関に雇用される⑧**通
　　常の労働者の所定労働時間と同等であること**。

三　外国人に対する報酬の額が©**日本人が従事する場合の報酬の額
　　と同等以上**であること。

四　外国人であることを理由として，報酬の決定，教育訓練の実施，
　　福利厚生施設の利用その他の待遇について，差別的な取扱いをし
　　ていないこと。

五　外国人が一時帰国を希望した場合には，必要な有給休暇を取得
　　させるものとしていること。

六　外国人を労働者派遣等（労働者派遣事業の適正な運営の確保及
　　び派遣労働者の保護等に関する法律（昭和 60 年法律第 88 号。以
　　下「労働者派遣法」という。）第 2 条第 1 号に規定する労働者派
　　遣及び船員職業安定法（昭和 23 年法律第 130 号）第 6 条第 11
　　項に規定する船員派遣をいう。以下同じ。）の対象とする場合に
　　あっては，当該外国人が労働者派遣等をされることとなる本邦の
　　公私の機関の氏名又は名称及び住所並びにその派遣の期間が定め
　　られていること。

七　前各号に掲げるもののほか，法務大臣が告示で定める特定の産
　　業上の分野に係るものにあっては当該産業上の分野を所管する関
　　係行政機関の長が，法務大臣と協議の上，当該産業上の分野に特
　　有の事情に鑑みて告示で定める基準に適合すること。

2　法第 2 条の 5 第 1 項の法務省令で定める基準のうち外国人の適正
　な在留に資するために必要な事項に係るものは，次のとおりとする。

一　外国人が特定技能雇用契約の終了後の帰国に要する旅費を負担
　　することができないときは，当該特定技能雇用契約の相手方であ
　　る特定技能所属機関が，当該旅費を負担するとともに，当該特定
　　技能雇用契約の終了後の出国が円滑になされるよう必要な措置を
　　講ずることとしていること。
二　特定技能所属機関が外国人の健康の状況その他の生活の状況を
　　把握するために必要な措置を講ずることとしていること。
三　前各号に掲げるもののほか，法務大臣が告示で定める特定の産
　　業上の分野に係るものにあっては，当該産業上の分野を所管する
　　関係行政機関の長が，法務大臣と協議の上，当該産業上の分野に
　　特有の事情に鑑みて告示で定める基準に適合すること。

Ⓐ　「特定技能雇用契約」

　特定技能1号の在留資格で外国人を受け入れる受入れ機関は，当該外国
人と「特定技能雇用契約」と呼ばれる特別な雇用契約の締結が必要です。
　特定技能雇用契約は，所定の諸条件を満たす契約であることが必要です。
例えば，

・　報酬額が，日本人が従事する場合の報酬の額と同等以上であること
・　一時帰国を希望した場合，休暇を取得させること
・　報酬，福利厚生施設の利用等の待遇で差別的取扱いをしていないこ
　　と
・　1つの特定所属機関における「フルタイム」（原則，労働日数が週5日
　　以上かつ年間217日以上であって，かつ，週労働時間が30時間以上）勤務
　　であること（複数の機関で掛け持ち勤務不可）
　等が必要です。

Ⓑ　「通常の労働者の所定労働時間と同等であること」

　原則，労働日数が週5日以上かつ年間217日以上であって，かつ，週労
働時間が30時間以上であることをいいます。
　特定技能外国人はフルタイムで業務に従事することが求められることか
ら，複数の企業が同一の特定技能外国人を雇用することはできません。

ⓒ　「日本人が従事する場合の報酬の額と同等以上」

　特定技能外国人の報酬額については，日本人が同等の業務に従事する場合の報酬額と同等以上であることが求められます。同等以上であるかどうかの判断は，受入れ機関に賃金規程がある場合は同規程に基づいて判断します。賃金規程がない場合であって，特定技能外国人と同等の業務に従事する日本人労働者がいるときは，当該日本人労働者と比較して報酬の同等性を判断することになります。

　同等の業務に従事する日本人労働者はいないものの，特定技能外国人が従事する業務と近い業務等を担う日本人労働者がいるときは，当該日本人労働者の役職や責任の程度を踏まえた上で特定技能外国人との報酬差が合理的に説明可能か，年齢及び経験年数を比較しても報酬額が妥当かなどを検討して判断します。賃金規程がなく，比較対象の日本人もいない場合には，雇用契約書記載の報酬額と，地方出入港在留管理局が保有する近隣同業他社における同等業務に従事する同等程度の経験を有する特定技能外国人の報酬額を比較して判断されます。

　賃金規程がなく，かつ同等の業務に従事する日本人労働者がいないと，地方出入港在留管理局の裁量により報酬額が同等以上ではないと判断されるリスクが生じます。そこで，このような場合は，受入れ機関に賃金規程を作ってもらうべきです。

第2条　法第2条の5第3項の法務省令で定める基準のうち適合特定技能雇用契約の適正な履行の確保に係るものは，次のとおりとする。

　一　労働，社会保険及び租税に関する法令の規定を遵守していること。

　二　特定技能雇用契約の締結の日前1年以内又はその締結の日以後に，当該特定技能雇用契約において外国人が従事することとされている業務と同種の業務に従事していた**ⓐ労働者（次に掲げる者を除く。）を離職させていないこと。**

　　イ　定年その他これに準ずる理由により退職した者

　　ロ　自己の責めに帰すべき重大な理由により解雇された者

ハ　期間の定めのある労働契約（以下「有期労働契約」という。）
　　の期間満了時に当該有期労働契約を更新しないことにより当該
　　有期労働契約を終了（労働者が当該有期労働契約の更新の申込
　　みをした場合又は当該有期労働契約の期間満了後遅滞なく有期
　　労働契約の締結の申込みをした場合であって，当該有期労働契
　　約の相手方である特定技能所属機関が当該労働者の責めに帰す
　　べき重大な理由その他正当な理由により当該申込みを拒絶する
　　ことにより当該有期労働契約を終了させる場合に限る。）され
　　た者

ニ　自発的に離職した者

三　特定技能雇用契約の締結の日前1年以内又はその締結の日以後
　　に，当該特定技能雇用契約の相手方である特定技能所属機関の責
　　めに帰すべき事由により⑧**外国人の行方不明者を発生させていな**
　　いこと。

◎**四　（略）5年以内に出入国・労働法令違反がないこと等を規定**

五　特定技能雇用契約に係る外国人の活動の内容に係る文書を作成
　　し，当該外国人に当該特定技能雇用契約に基づく活動をさせる事
　　業所に当該特定技能雇用契約の終了の日から1年以上備えて置く
　　こととしていること。

六　特定技能雇用契約を締結するに当たり，外国人又はその配偶者，
　　直系若しくは同居の親族その他当該外国人と社会生活において密
　　接な関係を有する者が，当該特定技能雇用契約に基づく当該外国
　　人の本邦における活動に関連して，他の者に，保証金の徴収その
　　他名目のいかんを問わず金銭その他の財産の管理をされている場
　　合，又は，他の者との間で，当該特定技能雇用契約の不履行につ
　　いて違約金を定める契約その他の不当に金銭その他の財産の移転
　　を予定する契約を締結している場合にあっては，そのことを認識
　　して当該特定技能雇用契約を締結していないこと。

七　他の者との間で，特定技能雇用契約に基づく当該外国人の本邦
　　における活動に関連して，当該特定技能雇用契約の不履行につい

て違約金を定める契約その他の不当に金銭その他の財産の移転を予定する契約を締結していないこと。

八　法別表第一の二の表の特定技能の項の下欄第1号に掲げる活動を行おうとする外国人と特定技能雇用契約を締結しようとする本邦の公私の機関にあっては，1号特定技能外国人支援に要する費用について，直接又は間接に当該外国人に負担させないこととしていること。

九　外国人を⑩**労働者派遣**等の対象としようとする本邦の公私の機関にあっては，次のいずれにも該当すること。

　イ　外国人を労働者派遣等の対象としようとする本邦の公私の機関が，次のいずれかに該当し，かつ，外国人が派遣先において従事する業務の属する特定産業分野を所管する関係行政機関の長と協議の上で適当であると認められる者であること。

　　（1）　当該特定産業分野に係る業務又はこれに関連する業務を行っている者であること。

　　（2）　地方公共団体又は（1）に掲げる者が資本金の過半数を出資していること。

　　（3）　地方公共団体の職員又は（1）に掲げる者若しくはその役員若しくは職員が役員であることその他地方公共団体又は（1）に掲げる者が業務執行に実質的に関与していると認められる者であること。

　　（4）　外国人が派遣先において従事する業務の属する分野が農業である場合にあっては，国家戦略特別区域法（平成25年法律第107号）第16条の5第1項に規定する特定機関であること。

　ロ　外国人を労働者派遣等の対象としようとする本邦の公私の機関が，第1号から第4号までのいずれにも該当する者に当該外国人に係る労働者派遣等をすることとしていること。

十　事業に関する労働者災害補償保険法による労働者災害補償保険に係る保険関係の成立の届出その他これに類する措置を講じてい

ること。

十一　特定技能雇用契約を継続して履行する体制が適切に整備され
ていること。

十二　特定技能雇用契約に基づく外国人の報酬を，当該外国人の指
定する銀行その他の金融機関に対する当該外国人の預金口座若
しくは貯金口座への振込み又は当該外国人に現実に支払われた
額を確認することができる方法によって支払われることとして
おり，かつ，当該預金口座又は貯金口座への振込み以外の方法
によって報酬の支払をした場合には，出入国在留管理庁長官に
対しその支払の事実を裏付ける客観的な資料を提出し，出入国
在留管理庁長官の確認を受けることとしていること。

十三　前各号に掲げるもののほか，法務大臣が告示で定める特定の
産業上の分野に係るものにあっては，当該産業上の分野を所管
する関係行政機関の長が，法務大臣と協議の上，当該産業上の
分野に特有の事情に鑑みて告示で定める基準に適合すること。

2　法第2条の5第3項の法務省令で定める基準のうち適合1号特定
技能外国人支援計画の適正な実施の確保に係るものは，次のとおり
とする。

Ｅ一　次のいずれかに該当すること。

イ　過去2年間に法別表第一の一の表，二の表及び五の表の上欄の
在留資格（収入を伴う事業を運営する活動又は報酬を受ける活動
を行うことができる在留資格に限る。ロにおいて同じ。）をもっ
て在留する中長期在留者の受入れ又は管理を適正に行った実績が
あり，かつ，役員又は職員の中から，適合1号特定技能外国人支
援計画の実施に関する責任者（以下「支援責任者」という。）及び
外国人に特定技能雇用契約に基づく活動をさせる事業所ごとに1
名以上の適合1号特定技能外国人支援計画に基づく支援を担当す
る者（以下「支援担当者」という。）を選任していること（ただし，
支援責任者は支援担当者を兼ねることができる。以下同じ。）。

ロ　役員又は職員であって過去2年間に法別表第一の一の表，二の

　　表及び五の表の上欄の在留資格をもって在留する中長期在留者の
　　生活相談業務に従事した経験を有するものの中から，支援責任者
　　及び外国人に特定技能雇用契約に基づく活動をさせる事業所ごと
　　に 1 名以上の支援担当者を選任していること。
ハ　イ又はロの基準に適合する者のほか，これらの者と同程度に支
　　援業務を適正に実施することができる者として認めたもので，役
　　員又は職員の中から，支援責任者及び外国人に特定技能雇用契約
　　に基づく活動をさせる事業所ごとに 1 名以上の支援担当者を選任
　　していること。
二　特定技能雇用契約の当事者である外国人に係る 1 号特定技能外
　　国人支援計画に基づく職業生活上，日常生活上又は社会生活上の
　　㋫**支援を当該外国人が十分に理解することができる言語によって
　　行うことができる**体制を有していること。
三　1 号特定技能外国人支援の状況に係る文書を作成し，当該 1 号
　　特定技能外国人支援を行う事業所に特定技能雇用契約の終了の日
　　から 1 年以上備えて置くこととしていること。
四　支援責任者及び支援担当者が，外国人を監督する立場にない者
　　その他の 1 号特定技能外国人支援計画の中立な実施を行うことが
　　できる立場の者であり，かつ，第 1 項第 4 号イからルまでのいず
　　れにも該当しない者であること。
五　特定技能雇用契約の締結の日前 5 年以内又はその締結の日以後
　　に，法第 19 条の 22 第 1 項の規定に反して適合 1 号特定技能外
　　国人支援計画に基づいた 1 号特定技能外国人支援を怠ったことが
　　ないこと。
六　支援責任者又は支援担当者が特定技能雇用契約の当事者である
　　外国人及びその監督をする立場にある者と定期的な面談を実施す
　　ることができる体制を有していること。
七　前各号に掲げるもののほか，法務大臣が告示で定める特定の産
　　業上の分野に係るものにあっては，当該産業上の分野を所管する
　　関係行政機関の長が，法務大臣と協議の上，当該産業上の分野に

　　　　特有の事情に鑑みて告示で定める基準に適合すること。

Ⓐ　「**労働者（次に掲げる者を除く。）を離職させていないこと**」

　受入れ機関の責に帰すべき事情で離職させていなければ問題ありません。

Ⓑ　「**外国人の行方不明者を発生させていないこと**」

　受入れ機関の責に帰すべき事情で行方不明者を発生させていなければ問題ありません。

Ⓒ　「**四　（略）5 年以内に出入国・労働法令違反がないこと等を規定**」

　万一，過去に法令違反がある場合は，「特定技能雇用契約及び一号特定技能外国人支援計画の基準等を定める省令」第 2 条第 4 号の原文をご確認ください。

Ⓓ　「**労働者派遣**」

　労働者派遣が可能な産業分野は農業と漁業のみで，その他の産業分野では特定技能所属機関が直接雇用する必要があります。

　また，労働者派遣が可能な農業や漁業の産業分野においても，無条件に労働者派遣が認められるわけではなく，以下のような制約があります。

　農業分野

　1．特定技能所属機関となる労働者派遣事業者が農業現場の実情を把握していること（特定技能を創設する改正入管法施行直前の時点（2019 年 3 月）では，農業協同組合や地方自治体が出資・関与している団体が派遣元として想定されており，一般の人材派遣業者は派遣元にはなれないようです）

　2．外国人材の派遣先となる事業者が労働者を一定期間以上雇用した経験がある者又は派遣先責任者講習等を受講した者を派遣先責任者とする者であること

　漁業分野

　労働者派遣を行う特定技能所属機関が，地方公共団体又は漁業協同組合，漁業生産組合若しくは漁業協同組合連合会などが関与する者であること

Ⓔ　「**一　次のいずれかに該当すること。**」

　受入れ機関には，原則として，過去 2 年間に中長期在留者の受入れを適正に行った実績又は中長期在留者の生活相談等に従事した経験を有する職

員等が求められます。この要件を充足しない受入れ機関は，登録支援機関に外国人支援業務を委託する必要があります。

Ⓕ 「支援を当該外国人が十分に理解することができる言語によって行うことができる」

受入れ機関に特定技能外国人の母国語又は十分に理解可能な言語（例：フィリピン人やインド人にとっての英語）で支援できる職員がいないときも，登録支援機関に外国人支援業務を委託することでこの要件を充足したとみなされます。

第3条　法第2条の5第6項のⒶ**1号特定技能外国人支援計画**には，次に掲げる事項を記載しなければならない。

（略）

第4条　法第2条の5第8項の法務省令で定める基準は，次のとおりとする。

　一　法別表第一の二の表の特定技能の項の下欄第1号に掲げる活動を行おうとする外国人に対する職業生活上，日常生活上又は社会生活上の支援の内容が，当該外国人の適正な在留に資するものであって，かつ，特定技能所属機関（Ⓑ**契約により他の者に1号特定技能外国人支援の全部の実施を委託した特定技能所属機関**を除く。）及び特定技能所属機関から契約により1号特定技能外国人支援の全部又は一部の実施の委託を受けた者において適切に実施することができるものであること。

　二　前条第1項第1号イに掲げる支援が，対面により又はテレビ電話装置その他の方法により実施されることとされていること。

　三　前条第1項第1号イ，ニ，ト及びヌ（外国人との定期的な面談の実施の場合に限る。）に掲げる支援が，外国人が十分に理解することができる言語により実施されることとされていること。

　四　1号特定技能外国人支援の一部の実施を契約により他の者に委託する場合にあっては，その委託の範囲が明示されていること。

　五　前各号に掲げるもののほか，法務大臣が告示で定める特定の産

業上の分野に係るものにあっては，当該産業上の分野を所管する
関係行政機関の長が，法務大臣と協議の上，当該産業上の分野に
特有の事情に鑑みて告示で定める基準に適合すること。

Ⓐ 「1号特定技能外国人支援計画」

　特定技能1号の在留資格で外国人を受け入れる受入れ機関は，所定の諸
条件を満たす「1号特定技能外国人支援計画」を策定する必要があります。
紙面の都合上省略しましたが，本条に1号特定技能外国人支援計画の記載
事項が列挙されています。具体的には，入国前の情報提供，出入国時の送
迎，住宅の確保，銀行口座開設等の支援，日本での生活案内，公的手続支
援，日本語学習機会の提供，相談・苦情対応，日本人との交流機会提供，
解雇等の場合の転職支援，定期面談，問題発生時の対応，登録支援機関に
委託する場合はその契約内容等を記載しなければなりません。

　法務省のウェブサイトに特定技能支援計画の雛形が掲載されていますの
で，それを利用すればよいでしょう[2]。

Ⓑ 「契約により他の者に1号特定技能外国人支援の全部の実施を委託した特
定技能所属機関」

　受入れ機関のみで1号特定技能外国人支援の全部を実施することが困難
である場合は，同支援の実施を法務省の登録を受けた登録支援機関と呼ば
れる第三者に委託できます。

5. 提出資料により在留資格該当性，基準適合性を立証できること

　本章Ⅰ3.「提出資料により在留資格該当性，基準適合性を立証できるこ
と」で述べたとおり，単に必要書類を収集・提出すれば足りるわけではなく，
その書類で「在留資格該当性」及び「基準適合性」を立証する必要があります。

② その他，注意事項

　在留資格該当性の頁で述べたとおり，介護，宿泊，外食等，14種類の産業分

2　参考様式第1-17号　1号特定技能外国人支援計画書
　　https://www.moj.go.jp/isa/policies/ssw/10_00020.html

野に属する企業に勤務すれば「特定技能」の在留資格該当性が認められるわけではなく，産業分野ごとに定められた特定の業務に従事する必要があることに注意が必要です。例えば，介護分野の業務に従事する場合であっても，訪問介護等の訪問系サービスにおける業務は 1 号特定技能外国人が従事する業務の対象からはずされているため，訪問系サービスに従事する旨の申請をしても許可は得られません。14 種類の産業分野に属する企業から依頼を受けた場合も，申請人が従事する業務内容が特定技能外国人が従事する業務になっているか必ず確認してください。特定技能外国人が従事する業務は，法務省のウェブサイトに掲載されている「特定技能の在留資格に係る制度の運用に関する方針」の別紙 1 から 14 に産業分野ごとに定められています。

③　「特定技能 2 号」の在留資格を得るには？

1. 在留資格該当性（申請人の行う活動が以下のような活動であること）

入管法別表第一の二の表の特定技能の項の下欄に掲げる活動

二　法務大臣が指定する本邦の公私の機関との雇用に関する契約に基づいて行うⒶ**特定産業分野であって法務大臣が指定するもの**に属する法務省令で定めるⒷ**熟練した技能**を要する業務に従事する活動

Ⓐ　**「特定産業分野であって法務大臣が指定するもの」**

特定技能 2 号は建設，造船・舶用工業の 2 分野のみでしか認められません。

Ⓑ　**「熟練した技能」**

「長年の実務経験等により身につけた熟達した技能をいい，現行の専門的・技術的分野の在留資格を有する外国人と同等又はそれ以上の高い専門性・技能を要する技能であって，例えば自らの判断により高度に専門的・技術的な業務を遂行できる，又は監督者として業務を統括しつつ，熟練した技能で業務を遂行できる水準の」技能水準が求められます（「特定技能外国人受入れに関する運用要領」参照）。

2. 基準適合性（申請人が次の基準に適合していること）

基準省令「法別表第一の二の表の特定技能の項の下欄第 2 号に掲げる活動」の基準

　申請人に係る⒜**特定技能雇用契約が法第 2 条の 5 第 1 項及び第 2 項の規定に適合すること及び特定技能雇用契約の相手方となる本邦の公私の機関が同条第 3 項（第 2 号を除く。）及び第 4 項の規定に適合すること**のほか, 申請人が次のいずれにも該当していること。

一　申請人が次のいずれにも該当していること。

　イ　十八歳以上であること。

　ロ　健康状態が良好であること。

　ハ　従事しようとする業務に必要な熟練した技能を有していることが⒝**試験その他の評価方法**により証明されていること。

　ニ　退去強制令書の円滑な執行に協力するとして⒞**法務大臣が告示で定める外国政府又は地域**の権限ある機関の発行した旅券を所持していること。

二　申請人又はその配偶者, 直系若しくは同居の親族その他申請人と社会生活において密接な関係を有する者が, 特定技能雇用契約に基づく申請人の本邦における活動に関連して, 保証金の徴収その他名目のいかんを問わず, 金銭その他の財産を管理されず, かつ, 特定技能雇用契約の不履行について違約金を定める契約その他の不当に金銭その他の財産の移転を予定する契約が締結されておらず, かつ, 締結されないことが見込まれること。

三　申請人が特定技能雇用契約の申込みの取次ぎ又は外国における法別表第一の二の表の特定技能の項の下欄第 2 号に掲げる活動の準備に関して外国の機関に費用を支払っている場合にあっては, その額及び内訳を十分に理解して当該機関との間で合意していること。

四　申請人が国籍又は住所を有する国又は地域において, 申請人が本邦で行う活動に関連して当該国又は地域において遵守すべき手続が定められている場合にあっては, 当該手続を経ていること。

　五　食費，居住費その他名目のいかんを問わず申請人が定期に負担する
　　　費用について，当該申請人が，当該費用の対価として供与される食事，
　　　住居その他の利益の内容を十分に理解した上で合意しており，かつ，
　　　当該費用の額が実費に相当する額その他の適正な額であり，当該費用
　　　の明細書その他の書面が提示されること。
　六　技能実習の在留資格をもって本邦に在留していたことがある者に
　　　あっては，当該在留資格に基づく活動により本邦において修得，習熟
　　　又は熟達した技能等の本国への移転に努めるものと認められること。
　七　前各号に掲げるもののほか，法務大臣が告示で定める特定の産業上
　　　の分野に係るものにあっては，当該産業上の分野を所管する関係行政
　　　機関の長が，法務大臣と協議の上，当該産業上の分野に特有の事情に
　　　鑑みて告示で定める基準に適合すること。

Ⓐ　「特定技能雇用契約が法第2条の5第1項及び第2項の規定に適合するこ
　　と及び特定技能雇用契約の相手方となる本邦の公私の機関が同条第3項（第
　　2号を除く。）及び第4項の規定に適合すること」
　　特定技能2号においても，特定技能雇用契約や受入れ機関の要件を充足
することは必要ですが，外国人支援計画の策定は必要ありません。

Ⓑ　「試験その他の評価方法」
　　技能水準のみ確認が必要で，日本語能力の確認はありません。

Ⓒ　「法務大臣が告示で定める外国政府又は地域」
　　イラン・イスラム共和国以外の国籍であること。

（6）　高度専門職

　高度専門職の資格は，就労活動を行う者のうち法務省令にて定められた一定
の基準（「学歴」，「職歴」，「年収」などの項目ごとに設定されたポイントの合計数）を
満たす者にのみ許可される在留資格であり，出入国管理上の優遇措置[3] を与え
ることにより，高度外国人材の日本への受入れ促進を図ることを目的として設
けられました。

　初回（在留資格認定証明書又はその他の在留資格からの在留資格変更許可）申請で

は「高度専門職 1 号」資格となり一律 5 年の許可が与えられ，その後同資格による活動を 3 年継続すると「高度専門職 2 号」への移行が可能となります。

① 「高度専門職 1 号」の在留資格を得るためには？
  1. 在留資格該当性（申請人の行う活動が以下のような活動であること）

入管法別表第一の二の表の高度専門職の項の下欄に掲げる活動

一　高度の専門的な能力を有する人材として法務省令で定める基準に適合する者が行う次のイからハまでのいずれかに該当する活動であって，我が国の学術研究又は経済の発展に寄与することが見込まれるもの

　　イ　法務大臣が指定する本邦の公私の機関との契約に基づいて研究，研究の指導若しくは教育をする活動又は当該活動と併せて当該活動と関連する事業を自ら経営し若しくは当該機関以外の本邦の公私の機関との契約に基づいて研究，研究の指導若しくは教育をする活動

　　ロ　法務大臣が指定する本邦の公私の機関との契約に基づいて自然科学若しくは人文科学の分野に属する知識若しくは技術を要する業務に従事する活動又は当該活動と併せて当該活動と関連する事業を自ら経営する活動

　　ハ　法務大臣が指定する本邦の公私の機関において貿易その他の事業の経営を行い若しくは当該事業の管理に従事する活動又は当該活動と併

3　出入国管理上の優遇措置の内容は以下のとおりです。
「高度専門職 1 号」の場合
　1．複合的な在留活動の許容
　2．在留期間「5 年」の付与
　3．在留歴に係る永住許可要件の緩和
　4．配偶者の就労
　5．一定の条件の下での親の帯同
　6．一定の条件の下での家事使用人の帯同
　7．入国・在留手続の優先処理
「高度専門職 2 号」の場合
　a．「高度専門職 1 号」の活動と併せてほぼ全ての就労資格の活動を行うことができる。
　b．在留期間が無期限となる。
　c．上記 3 から 6 までの優遇措置が受けられる。

せて当該活動と関連する事業を自ら経営する活動

「高度専門職 1 号」の資格は上記イ・ロ・ハの 3 種類に分類され，活動範囲も指定書に記載された内容のみに限定されます。

「イ」　は主に「教授」「研究」の活動に該当します。

「ロ」　は主に「技術・人文知識・国際業務」の活動に該当します。

「ハ」　は主に「経営・管理」の活動に該当します。

2. 基準適合性（申請人が次の基準に適合していること）

基準省令「法別表第一の二の表の高度専門職の項の下欄第 1 号に掲げる活動」の基準

　申請人が出入国管理及び難民認定法別表第一の二の表の高度専門職の項の下欄の基準を定める省令（平成 26 年法務省令第 37 号）第 1 条第 1 項に掲げる基準に適合することのほか，次の各号のいずれにも該当すること。

一　次のいずれかに該当すること。

　イ　本邦において行おうとする活動が(A)**法別表第一の一の表の教授の項から報道の項**までの下欄に掲げる活動のいずれかに該当すること。

　ロ　本邦において行おうとする活動が(B)**法別表第一の二の表の経営・管理の項から技能の項**までの下欄に掲げる活動のいずれかに該当し，(C)**かつ，この表の当該活動の項の下欄に掲げる基準に適合すること。**

(D)**二　本邦において行おうとする活動が我が国の産業及び国民生活に与える影響等の観点から相当でないと認める場合でないこと。**

(A)　**「法別表第一の一の表の教授の項から報道の項」**

　「教授」「芸術」「宗教」「報道」を指します。

(B)　**「法別表第一の二の表の経営・管理の項から技能の項」**

　「経営・管理」「法律・会計業務」「医療」「研究」「教育」「技術・人文知識・国際業務」「企業内転勤」「介護」「興行」「技能」を指します。

ⓒ 「かつ，この表の当該活動の項の下欄に掲げる基準に適合すること。」

　高度専門職のポイント計算表で 70 点以上得点するだけではなく，行おうとする活動に該当する在留資格の基準適合性も必要です。「技術・人文知識・国際業務」の活動を行おうとする申請人がポイント計算表で 70 点以上得点できるときは，「技術・人文知識・国際業務」の在留資格の基準省令に適合するだけの学歴・職歴があるのが通例です。しかし，申請人が「経営・管理」の活動を行おうとする場合は，申請人自身がポイント計算表で 70 点得点しても，「経営・管理」の基準のうち申請人の所属機関に関する基準適合性があるとは限りませんので，注意が必要です。ポイント計算表の得点以外に所属機関が「経営・管理」の基準省令に適合する事業所が存在すること，2 名の常勤職員又は資本金・出資金が 500 万円以上あること等の基準に適合していることが必要です。

ⓓ 「二　本邦において行おうとする活動が我が国の産業及び国民生活に与える影響等の観点から相当でないと認める場合でないこと。」

　筆者の事務所で申請した案件で，「本邦において行おうとする活動が我が国の産業及び国民生活に与える影響等の観点から相当でないと認める場合」にあたると判断された事例はありません。例えば，昨今，日本政府は安全保障や情報漏えいリスクの観点から中国の通信会社数社を日本政府の政府調達から排除する措置をとりました。しかし，筆者の事務所では，このような排除の対象になった中国の通信会社の幹部職員の「高度専門職」の在留資格を申請して許可を得ています。したがって，安全保障等の観点から排除の対象となった通信会社の業務に従事することも，「我が国の産業及び国民生活に与える影響等の観点から相当でないと認める場合」にはあたらないと考えられているようです。

出入国管理及び難民認定法別表第一の二の表の高度専門職の項の下欄の基準を定める省令

第 1 条　出入国管理及び難民認定法（以下「法」という。）別表第一の二の表の高度専門職の項の下欄第 1 号の基準は，同号に掲げる活動を行う外国人が，法第 3 章第 1 節若しくは第 2 節の規定による上陸許

可の証印若しくは許可（在留資格の決定を伴うものに限る。），法第4章第2節の規定による許可又は法第50条第1項若しくは第61条の2の2第2項の規定による許可（以下「第1号許可等」という。）を受ける時点において，次の各号のいずれかに該当することとする。

一　法別表第一の二の表の高度専門職の項の下欄第1号イに掲げる活動を行う外国人であって，次の表の上欄に掲げる項目に係る同表の中欄に掲げる基準（年収の項にあっては，当該時点における当該外国人の年齢が30歳未満のときは同項のイからトまで，30歳以上35歳未満のときは同項のイからへまで，35歳以上40歳未満のときは同項のイからホまで，40歳以上のときは同項のイからハまでに掲げる基準）に応じ，同表の下欄に掲げる点数を合計したものが70点以上であること。

二　法別表第一の二の表の高度専門職の項の下欄第1号ロに掲げる活動を行う外国人であって，次の表の上欄に掲げる項目に係る同表の中欄に掲げる基準（年収の項にあっては，当該時点における当該外国人の年齢が30歳未満のときは同項のイからトまで，30歳以上35歳未満のときは同項のイからへまで，35歳以上40歳未満のときは同項のイからホまで，40歳以上のときは同項のイからハまでに掲げる基準）に応じ，同表の下欄に掲げる点数を合計したものが70点以上であり，かつ，契約機関及び外国所属機関から受ける＠**報酬の年額の合計が300万円以上**であること。

三　法別表第一の二の表の高度専門職の項の下欄第1号ハに掲げる活動を行う外国人であって，次の表の上欄に掲げる項目に係る同表の中欄に掲げる基準に応じ，同表の下欄に掲げる点数を合計したものが70点以上であり，かつ，活動機関（法別表第一の二の表の高度専門職の項の下欄第1号ハに掲げる活動を行う本邦の公私の機関をいう。以下同じ。）及び外国所属機関（外国の公私の機関の職員が当該機関から転勤して活動機関に受け入れられる場合における当該外国の公私の機関をいう。以下この号及び次条第1項第1号ハにおいて同じ。）から受ける報酬の年額の合計が300

万円以上であること。

Ⓐ 報酬の年額の合計が 300 万円以上

「報酬の年額の合計が 300 万円以上」ないと他の項目で合計 70 点以上得点しても許可されません。日本の大学を卒業したばかりの若年の申請人が「ロ」の計算表で計算すると，年齢，学歴，日本語能力で加点されるため報酬額が 300 万円に満たなくても合計 70 点以上得点できてしまうことがあります。ポイント計算表の点数に気を取られて，最低報酬要件を見落とさないよう注意してください。

一般的に行政書士事務所に依頼があるのは，高度専門職資格のうち「(ロ) 又は (ハ)」であることが多数です。本書では，この 2 つの在留資格におけるポイント計算表，及び，付随する疎明・参考資料について掲載します。

高度専門職ロ　ポイント計算表

（令和3年7月30日以降）　　　　　　　　　　　　　　　　　　　　　　　　参考書式

高度専門職ポイント計算表（高度専門職第１号ロ・高度専門職第２号）

「出入国管理及び難民認定法別表第一の二の表の高度専門職の項の下欄の規定に基づき，出入国管理及び難民認定法別表第一の二の表の高度専門職の項の下欄の基準を定める省令」第1条第2号の規定に基づき，ポイントの自己計算を行ったので提出します。

項目	基準				チェック	点数	疎明資料
学歴 （注1）	博士学位（専門職学位を除く）				□	30	①
	経営管理に関する専門職学位（MBA, MOT）を保有				□	25	
	修士又は専門職学位				□	20	
	大卒又はこれと同等以上の教育（博士，修士を除く）				□	10	
	複数の分野における2以上の博士若しくは修士の学位又は専門職学位（注2）				□	5	
	（注1）最終学歴が対象となります（例えば，博士と修士の両方の学位を有している場合は，30点です。）。 （注2）学位の組み合わせを問わず，専攻が異なることが分かる資料（学位記又は学位証明書で確認できない場合は，成績証明書）を提出して下さい。						
職歴	従事しようとする業務に係る実務経験						②
	10年以上				□	20	
	7年以上10年未満				□	15	
	5年以上7年未満				□	10	
	3年以上5年未満				□	5	
年収 （注）	30歳未満	30～34歳	35～39歳	40歳以上			③
	1,000万円以上	1,000万円以上	1,000万円以上	1,000万円以上	□	40	
	900 ～ 1,000万円	900 ～ 1,000万円	900 ～ 1,000万円	900 ～ 1,000万円	□	35	
	800 ～ 900万円	800 ～ 900万円	800 ～ 900万円	800 ～ 900万円	□	30	
	700 ～ 800万円	700 ～ 800万円	700 ～ 800万円	－	□	25	
	600 ～ 700万円	600 ～ 700万円	600 ～ 700万円	－	□	20	
	500 ～ 600万円	500 ～ 600万円	－	－	□	15	
	400 ～ 500万円	－	－	－	□	10	
	（注）年収が300万円に満たないときは，他の項目の合計が70点以上でも，高度専門職外国人としては認められません。						
年齢	申請の時点の年齢						
	30歳未満				□	15	
	30～34歳				□	10	
	35～39歳				□	5	
研究実績	発明者として特許を受けた発明が1件以上				□	15	④
	外国政府から補助金，競争的資金等を受けた研究に3回以上従事				□		⑤
	学術論文データベースに登載されている学術雑誌に掲載された論文が3本以上 ※責任著者であるものに限る				□		⑥
	その他法務大臣が認める研究実績				□		⑦
資格	従事しようとする業務に関連する日本の国家資格（業務独占資格又は名称独占資格）を保有，又はIT告示に定める試験に合格し若しくは資格を保有				○ 1つ保有	5	⑧
					○ 複数保有	10	
特別加算	契約機関						
	Ⅰ　イノベーション促進支援措置を受けている				□	10	⑨
	Ⅱ　Ⅰに該当する企業であって，中小企業基本法に規定する中小企業者				□	10	⑩
	Ⅲ　国家戦略特別区域高度人材外国人受入促進事業の対象企業として支援を受けている				□	10	⑪

特別加算（続き）	契約機関が中小企業基本法に規定する中小企業者で，試験研究費及び開発費の合計金額が，総収入金額から固定資産若しくは有価証券の譲渡による収入金額を控除した金額（売上高）の3％超 試験研究費等　／　売上高　＝　　　円　／　　　円　＝　　　％	☐	5	⑩⑫
	従事しようとする業務に関連する外国の資格，表彰等で法務大臣が認めるものを保有	☐	5	⑬
	日本の大学を卒業又は大学院の課程を修了	☐	10	⑭
	日本語能力			
	Ⅰ　日本語専攻で外国の大学を卒業又は日本語能力試験N1合格相当	☐	15	⑮
	Ⅱ　日本語能力試験N2合格相当 ※⑭（日本の大学を卒業又は大学院の課程を修了）及びⅠに該当する者を除く	☐	10	
	各省が関与する成長分野の先端プロジェクトに従事	☐	10	⑯
	以下のいずれかの大学を卒業（注）			
	Ⅰ　以下のランキング2つ以上において300位以内の外国の大学又はいずれかにランクづけされている本邦の大学 　☐ QS・ワールド・ユニバーシティ・ランキングス　　　　　位 　　（クアクアレリ・シモンズ社（英国）） 　☐ THE・ワールド・ユニバーシティ・ランキングス　　　　　位 　　（タイムズ社（英国）） 　☐ アカデミック・ランキング・オブ・ワールド・ユニバーシティズ　　　　　位 　　（上海交通大学（中国））	☐	10	⑰
	Ⅱ　文部科学省が実施するスーパーグローバル大学創成支援事業（トップ型及びグローバル化牽引型）において，補助金の交付を受けている大学	☐		
	Ⅲ　外務省が実施するイノベーティブ・アジア事業において，「パートナー校」として指定を受けている大学	☐		
	（注）⑭（日本の大学を卒業又は大学院の課程を修了）と重複して加算することが認められています。			
	外務省が実施するイノベーティブ・アジア事業の一環としてJICAが実施する研修を修了したこと（注）	☐	5	⑱
	（注）・イノベーティブ・アジア事業の一環としてJICAが実施する研修であって，研修期間が1年以上のものを修了した者が対象となります。なお，JICAの研修修了証明書を提出した場合，学歴及び職歴等を証明する資料は，原則として提出する必要はありませんが，②（職歴）のポイントを加算する場合には，別途疎明資料が必要です。 　・本邦の大学又は大学院の授業を利用して行われる研修に参加した場合，⑭（日本の大学を卒業又は大学院の課程を修了）と重複して加算することは認められません。			
	投資運用業等に係る業務に従事	☐	10	㉑
		合計		

※永住許可申請時のみ，該当部分にチェックして下さい。
　このポイント計算表は，　☐　今回の申請時のポイントです。
　　　　　　　　　　　　　　☐　今回の申請から1年前のポイントです。
　　　　　　　　　　　　　　☐　今回の申請から3年前のポイントです。

以上の記載内容は事実と相違ありません。
申出人又は出入国管理及び難民認定法第7条の2に基づき法務省令で定める代理人の署名／作成年月日

　署名　　　　　　　　　　　　　　　　　作成年月日　　　　　年　　　　月　　　　日

（法務省ウェブサイトより引用：https://www.moj.go.jp/isa/publications/materials/newimmiact_3_evaluate_index.html）

高度専門職ハ　ポイント計算表

（令和3年7月30日以降）　　　　　　　　　　　　　　　　　　　　　　　　　　参考書式

高度専門職ポイント計算表（高度専門職第1号ハ・高度専門職第2号）

　「出入国管理及び難民認定法別表第一の二の表の高度専門職の項の下欄の規定に基づき，出入国管理及び難民認定法別表第一の二の表の高度専門職の項の下欄の基準を定める省令」第1条第3号の規定に基づき，ポイントの自己計算を行ったので提出します。

項目	基準		チェック	点数	疎明資料
学歴 （注1）	経営管理に関する専門職学位（MBA, MOT）を保有		□	25	①
	博士若しくは修士の学位又は専門職学位		□	20	
	大卒又はこれと同等以上の教育（博士，修士を除く）		□	10	
	複数の分野における2以上の博士若しくは修士の学位又は専門職学位（注2）		□	5	
	（注1）最終学歴が対象となります（大学を卒業してから，経営管理に関する専門職学位（MBA, MOT）の授与を受けた場合，25点です。）。 （注2）学位の組み合わせを問わず，専攻が異なることが分かる資料（学位記又は学位証明書で確認できない場合は，成績証明書）を提出して下さい。				
職歴	事業の経営又は管理に係る実務経験				②
		10年以上	□	25	
		7年以上10年未満	□	20	
		5年以上7年未満	□	15	
		3年以上5年未満	□	10	
年収 （注）	3,000万円以上		□	50	③
	2,500　～　3,000　万円		□	40	
	2,000　～　2,500　万円		□	30	
	1,500　～　2,000　万円		□	20	
	1,000　～　1,500　万円		□	10	
	（注）年収が300万円に満たないときは，他の項目の合計が70点以上でも，高度専門職外国人としては認められません。				
地位	代表取締役，代表執行役又は代表権のある業務執行社員		□	10	⑳
	取締役，執行役又は業務執行社員		□	5	
特別加算	活動機関				
	Ⅰ　イノベーション促進支援措置を受けている		□	10	⑨
	Ⅱ　Ⅰに該当する企業であって，中小企業基本法に規定する中小企業者		□	10	⑩
	Ⅲ　国家戦略特別区域高度人材外国人受入促進事業の対象企業として支援を受けている		□	10	⑪
	活動機関が中小企業基本法に規定する中小企業者で，試験研究費及び開発費の合計金額が，総収入金額から固定資産若しくは有価証券の譲渡による収入金額を控除した金額（売上高）の3%超 試験研究費等／売上高　＝　　％		□	5	⑩⑫
	従事しようとする業務に関連する外国の資格，表彰等で法務大臣が認めるものを保有		□	5	⑬
	日本の大学を卒業又は大学院の課程を修了		□	10	⑭

日本語能力				
Ⅰ 日本語専攻で外国の大学を卒業又は日本語能力試験N1合格相当		□	15	⑮
Ⅱ 日本語能力試験N2合格相当 ※⑭（日本の大学を卒業又は大学院の課程を修了）及びⅠに該当する者を除く		□	10	
各省が関与する成長分野の先端プロジェクトに従事		□	10	⑯
以下のいずれかの大学を卒業（注）				
特別加算（続き）	Ⅰ 以下のランキング2つ以上において300位以内の外国の大学又はいずれかにランクづけされている本邦の大学 　□ QS・ワールド・ユニバーシティ・ランキングス　　　　　　　位 　　（クアクアレリ・シモンズ社（英国）） 　□ THE・ワールド・ユニバーシティ・ランキングス　　　　　位 　　（タイムズ社（英国）） 　□ アカデミック・ランキング・オブ・ワールド・ユニバーシティズ　　　　位 　　（上海交通大学（中国））	□	10	⑰
	Ⅱ 文部科学省が実施するスーパーグローバル大学創成支援事業（トップ型及びグローバル化牽引型）において，補助金の交付を受けている大学	□		
	Ⅲ 外務省が実施するイノベーティブ・アジア事業において，「パートナー校」として指定を受けている大学	□		
（注）⑭（日本の大学を卒業又は大学院の課程を修了）と重複して加算することが認められています。				
外務省が実施するイノベーティブ・アジア事業の一環としてJICAが実施する研修を修了したこと（注）		□	5	⑱
（注）・イノベーティブ・アジア事業の一環としてJICAが実施する研修であって，研修期間が1年以上のものを修了した者が対象となります。なお，JICAの研修修了証明書を提出した場合，学歴及び職歴等を証明する資料は，原則として提出する必要はありませんが，②（職歴）のポイントを加算する場合には，別途疎明資料が必要です。 　・本邦の大学又は大学院の授業を利用して行われる研修に参加した場合，⑭（日本の大学を卒業又は大学院の課程を修了）と重複して加算することは認められません。				
本邦の公私の機関において行う貿易その他の事業に1億円以上を投資		□	5	⑲
投資運用業等に係る業務に従事		□	10	㉑
		合計		

※永住許可申請時のみ，該当部分にチェックして下さい。
　このポイント計算表は，　□　今回の申請時のポイントです。
　　　　　　　　　　　　　□　今回の申請から1年前のポイントです。
　　　　　　　　　　　　　□　今回の申請から3年前のポイントです。

以上の記載内容は事実と相違ありません。
申出人又は出入国管理及び難民認定法第7条の2に基づき法務省令で定める代理人の署名／作成年月日

署名　　　　　　　　　　　　　　　　　　作成年月日　　　　　年　　　　月　　　　日

（法務省ウェブサイトより引用：https://www.moj.go.jp/isa/publications/materials/newimmiact_3_evaluate_index.html）

ポイント計算表の各項目に関する疎明資料（基本例）

A：高度専門職第1号イ　　B：高度専門職第1号ロ　　C：高度専門職第1号ハ

ポイント計算表の該当番号	ポイント計算表の各項目に関する疎明資料（基本例）		項目
①	該当する学歴の卒業証明書及び学位取得の証明書 （ただし，⑱を提出する場合は提出不要） ※「複数の分野において博士若しくは修士の学位又は専門職学位」の加算を希望する場合，必要に応じて成績証明書の提出を求める場合があります。		学歴 （ABC）
②	高度専門職外国人として従事しようとする業務に従事した期間及び業務の内容を明らかにする資料（所属していた機関作成のもの）		職歴 （ABC）
③	年収（契約機関及び外国所属機関から受ける報酬の年額）を証する文書 ※年収（契約機関及び外国所属機関から受ける報酬の年額）とは，（直前までの期間を含む）過去の在留における年収ではなく，申請に係る高度専門職外国人としての活動に従事することにより受ける（予定）年収を意味します。		年収 （ABC）
④	発明者として特許を受けた発明が1件以上	そのことを証する文書（例えば，申請人の氏名が明記されている特許証の写し）	研究実績 （AB）
⑤	入国前に外国政府から補助金，競争的資金その他の金銭の給付を受けた研究に3回以上従事	そのことを証する文書（例えば，申請人の氏名が明記されている交付決定書の写し）	
⑥	学術論文データベースに登載されている学術雑誌に掲載された論文が3本以上	論文のタイトル，著者氏名，掲載雑誌名，掲載巻・号，掲載ページ，出版年を記載した文書（様式自由） ※申請人が責任著者であるものに限ります。 ※「学術論文データベース」とは，世界規模で研究者の学術論文に関する情報を収集し，提供している民間企業のサービスです。具体的には，トムソン・ロイター社（本社・カナダ）やエルゼビア社（本社・オランダ）が提供している学術論文データベースなどがあります。	
⑦	その他法務大臣が認める研究実績	そのことを証する文書	
⑧	従事しようとする業務に関連する日本の国家資格（業務独占資格又は名称独占資格）を保有，又はIT告示に定める試験に合格し若しくは資格を保有	そのことを証する文書（例えば，合格証明書の写し）	資格 （B）
⑨	活動機関が出入国管理及び難民認定法別表第一の二の表の高度専門職の項の下欄の基準を定める省令第1条第1項各号の表の特別加算の項の規定に基づき法務大臣が定める法律の規定等を定める件別表第1又は別表第2に掲げるイノベーションを促進するための支援措置を受けている	そのことを証する文書（例えば，補助金交付決定通知書の写し）	特別加算 （ABC）

A:高度専門職第1号イ　　B:高度専門職第1号ロ　　C:高度専門職第1号ハ

ポイント計算表 の該当番号	ポイント計算表の各項目に関する疎明資料(基本例)		項目
⑩	活動機関が中小企業基本法に規定する中小企業者	1　主たる事業を確認できる会社のパンフレット等 2　次のいずれかの文書 （1）資本金の額又は出資の総額を証する次のいずれかの文書 　ア　法人の登記事項証明書 　イ　決算文書の写し 　ウ　資本金額、出資総額が確認可能な定款の写し （2）雇用保険、労働保険、賃金台帳の写し等従業員数を証する文書	
⑪	活動機関が国家戦略特別区域高度人材外国人受入促進事業の対象として支援を受けている企業	そのことを証する文書(例えば、国家戦略特別区域高度人材外国人受入促進事業認定企業証明書の写し)	
⑫	活動機関が中小企業基本法に規定する中小企業者で、在留資格認定証明書交付申請等の申請日の属する事業年度の前事業年度(申請日が前事業年度経過後2か月以内の場合は前々事業年度)における試験研究費及び開発費の合計金額が、総収入金額から固定資産若しくは有価証券の譲渡による収入金額を控除した金額(売上高)の3%を超える ※　活動機関が会社・事業協同組合の場合	試験研究費等が3%超であることを証する次のいずれかの文書 1　試験研究費等及び売上高等が記載された財務諸表の写し 2　売上高等が記載された公的な書類(財務諸表、確定申告書の控え等)の写し、帳簿等の写し(試験研究費にあたる個所に蛍光ペン等で目印を付与)、試験研究費等の内訳をまとめた一覧表 3　税理士、公認会計士、中小企業診断士による証明書　(書式自由)	特別 加算 (続き) (ABC)
	活動機関が中小企業基本法に規定する中小企業者で、在留資格認定証明書交付申請等の申請日の属する年の前年1年間(申請日が1月から3月の場合は前々年)における試験研究費及び開発費の合計金額が、事業所得にかかる総収入金額の3%を超える ※　活動機関が個人事業主の場合	試験研究費等が3%超であることを証する次のいずれかの文書 1　試験研究費等及び事業所得に係る総収入金額等が記載された財務諸表の写し 2　事業所得に係る総収入金額等が記載された公的な書類(財務諸表、確定申告書の控え等)の写し、帳簿等の写し(試験研究費にあたる個所に蛍光ペン等で目印を付与)、試験研究費等の内訳をまとめた一覧表 3　税理士、公認会計士、中小企業診断士による証明書(書式自由)	
⑬	従事しようとする業務に関連する外国の資格、表彰等で法務大臣が認めるものを保有	そのことを証する文書 ※企業表彰、製品表彰については、受賞に当たり申請人が積極的に関与したものに限ります。	
⑭	日本の大学を卒業又は大学院の課程を修了	該当する学歴の卒業証明書及び学位取得の証明書	
⑮	日本語専攻で外国の大学を卒業又は日本語能力試験N1合格相当	卒業証明書又は合格証明書等の写し	
	日本語能力試験N2合格相当	合格証明書等の写し	

100

A：高度専門職第1号イ　　B：高度専門職第1号ロ　　C：高度専門職第1号ハ

ポイント計算表 の該当番号	ポイント計算表の各項目に関する疎明資料(基本例)		項目
⑯	各省が関与する成長分野の先端プロジェクトに従事	そのことを証する文書(例えば，当該事業に関する補助金交付通知書の写し及び所属機関が作成した当該プロジェクトに従事している旨の説明資料)	
⑰	以下のいずれかの大学を卒業 ① 大学格付3機関(クアクアレリ・シモンズ社(英国)，タイムズ社(英国)，上海交通大学(中国))の大学ランキングのうち2つ以上において300位以内の外国の大学又はいずれかにランクづけされている本邦の大学 ② 文部科学省が実施するスーパーグローバル大学創成支援事業(トップ型及びグローバル化牽引型)において，補助金の交付を受けている大学 ③ 外務省が実施するイノベーティブ・アジア事業において，「パートナー校」として指定を受けている大学	卒業した大学が，左記のいずれかに該当する大学であることを証する資料(法務省ホームページ写しの該当部分等)，及び該当する大学の卒業証明書又は学位取得の証明書	特別加算 (続き) (ABC)
⑱	外務省が実施するイノベーティブ・アジア事業の一環としてJICAが実施する研修を修了	JICAが発行する研修修了証明書(なお，同証明書が提出された場合は，申請人の学歴及び職歴その他の経歴等を証明する資料は，原則として提出を求めない。ただし，職歴のポイントの付与を希望する場合は，②の疎明資料が必要となる。)	
⑲	本邦において貿易その他の事業の経営を行う場合であって，当該事業に自ら一億円以上を投資	資本金又は出資額を証する資料(例えば，株主名簿)	
⑳	活動機関の代表取締役・取締役，代表執行役・執行役又は業務を執行する社員(代表権を有する場合はその旨)であることを証する文書		地位 (C)
㉑	投資運用業等に係る業務に従事	1 申請人の所属機関の金融商品取引法第28条第2項に規定する第二種金融商品取引業，同条第3項に規定する投資助言・代理業又は同条第4項に規定する投資運用業に係る登録済通知書写し 2 申請人が上記のいずれかの業務に従事することを説明する資料(参考様式)	特別加算 (続き) (BC)

(法務省ウェブサイトより引用：https://www.moj.go.jp/isa/publications/materials/newimmiact_3_evaluate_index.html)

【参考】中小企業者について

● 中小企業基本法第2条に規定する中小企業者の定義

業種分類（※）	会社又は事業協同組合	個人事業主
製造業その他	資本金の額又は出資の総額が3億円以下 又は 常時使用する従業員の数が300人以下	常時使用する従業員の数が300人以下
卸売業	資本金の額又は出資の総額が1億円以下 又は 常時使用する従業員の数が100人以下	常時使用する従業員の数が100人以下
小売業	資本金の額又は出資の総額が5千万円以下 又は 常時使用する従業員の数が50人以下	常時使用する従業員の数が50人以下
サービス業	資本金の額又は出資の総額が5千万円以下 又は 常時使用する従業員の数が100人以下	常時使用する従業員の数が100人以下

※業種分類は日本標準産業分類第10回改訂分類に基づきます。

● 第10回改訂後の日本標準産業分類に基づいた中小企業者の範囲

製造業その他	下記以外の全て
卸売業	大分類J（卸売・小売業）の中分類49から54まで
小売業	大分類J（卸売・小売業）の中分類55から60まで
	大分類M（飲食店，宿泊業）の中分類70（一般飲食店）及び71（遊興飲食店）
サービス業	大分類H（情報通信業）の中分類38（放送業）及び39（情報サービス業）並びに小分類411（映像情報制作・配給業），412（音声情報制作業）及び415（映像・音声・文字情報制作に附帯するサービス業）
	大分類L（不動産業）の小分類693（駐車場業）
	大分類M（飲食店，宿泊業）の中分類72（宿泊業）
	大分類N（医療，福祉）
	大分類O（教育，学習支援業）
	大分類P（複合サービス事業）
	大分類Q（サービス業〈他に分類されないもの〉）。ただし，小分類831〈旅行業〉を除く。）

（法務省ウェブサイトより引用：https://www.moj.go.jp/isa/publications/materials/newimmiact_3_evaluate_index.html）

3．提出資料により在留資格該当性，基準適合性を立証できること

　本章Ⅰ3．「提出資料により在留資格該当性，基準適合性を立証できること」で述べたとおり，単に必要書類を収集・提出すれば足りるわけではなく，その書類で「在留資格該当性」及び「基準適合性」を立証する必要があります。

②　「高度専門職 2 号」の在留資格を得るためには？

1.　在留資格該当性（申請人の行う活動が以下のような活動であること）

入管法別表第一の二の表の高度専門職の項の下欄に掲げる活動

二　前号に掲げる活動を行った者であつて，その在留が我が国の利益に資するものとして法務省令で定める基準に適合するものが行う次に掲げる活動

　　イ　本邦の公私の機関との契約に基づいて研究，研究の指導又は教育をする活動

　　ロ　本邦の公私の機関との契約に基づいて自然科学又は人文科学の分野に属する知識又は技術を要する業務に従事する活動

　　ハ　本邦の公私の機関において貿易その他の事業の経営を行い又は当該事業の管理に従事する活動

　　ニ　イからハまでのいずれかの活動と併せて行う一の表の**Ⓐ教授の項から報道の項までの下欄に掲げる活動又はこの表の法律・会計業務の項，医療の項，教育の項，技術・人文知識・国際業務の項，介護の項，興行の項若しくは技能の項の下欄若しくは特定技能の項の下欄第二号に掲げる活動**（イからハまでのいずれかに該当する活動を除く。）

Ⓐ　**「教授の項から報道の項までの下欄に掲げる活動又はこの表の法律・会計業務の項，医療の項，教育の項，技術・人文知識・国際業務の項，介護の項，興行の項若しくは技能の項の下欄に掲げる活動」**

　　「高度専門職 2 号」に移行すると活動制限がほぼなくなり，また，在留期限も無期限となります。

2.　基準適合性（申請人が次の基準に適合していること）

出入国管理及び難民認定法別表第一の二の表の高度専門職の項の下欄の基準を定める省令

第 2 条　法別表第一の二の表の高度専門職の項の下欄第 2 号の基準は，同

号に掲げる活動を行う外国人が，法第12条第1項又は法第4章第2節の規定による当該許可（以下「第2号許可」という。）を受ける時点において，次の各号のいずれにも該当することとする。

一　次のいずれかに該当すること。

　イ　高度専門職の在留資格（法別表第一の二の表の高度専門職の項の下欄第1号イに係るものに限る。）をもって本邦に在留していた外国人にあっては，前条第1項第1号の表の上欄に掲げる項目に係る同表の中欄に掲げる基準（年収の項にあっては，当該時点における当該外国人の年齢が30歳未満のときは同項のイからトまで，30歳以上35歳未満のときは同項のイからヘまで，35歳以上40歳未満のときは同項のイからホまで，40歳以上のときは同項のイからハまでに掲げる基準）に応じ，同表の下欄に掲げる点数を合計したものが70点以上であること。

　ロ　高度専門職の在留資格（法別表第一の二の表の高度専門職の項の下欄第1号ロに係るものに限る。）をもって本邦に在留していた外国人にあっては，前条第1項第2号の表の上欄に掲げる項目に係る同表の中欄に掲げる基準（年収の項にあっては，当該時点における当該外国人の年齢が30歳未満のときは同項のイからトまで，30歳以上35歳未満のときは同項のイからヘまで，35歳以上40歳未満のときは同項のイからホまで，40歳以上のときは同項のイからハまでに掲げる基準）に応じ，同表の下欄に掲げる点数を合計したものが70点以上であり，かつ，契約機関及び外国所属機関から受ける報酬の年額の合計が300万円以上であること。

　ハ　高度専門職の在留資格（法別表第一の二の表の高度専門職の項の下欄第1号ハに係るものに限る。）をもって本邦に在留していた外国人にあっては，前条第1項第3号の表の上欄に掲げる項目に係る同表の中欄に掲げる基準に応じ，同表の下欄に掲げる点数を合計したものが70点以上であり，かつ，活動機関及び外国所属機関から受ける報酬の年額の合計が300万円以

　　　　　上であること。
　　　二　高度専門職の在留資格（法別表第一の二の表の高度専門職の項
　　　　　の下欄第 1 号イからハまでに係るものに限る。）をもって本邦に
　　　　　Ⓐ**3 年以上在留**して同号に掲げる活動を行っていたこと。
　　　三　Ⓑ**素行が善良**であること。
　　　四　当該外国人の在留が日本国の利益に合すると認められること。
　2　法第 6 条第 2 項，第 20 条第 2 項又は第 22 条の 2 第 2 項の規定
　　　による申請の時点において前項各号のいずれにも該当する者は，当
　　　該申請に係る第 2 号許可を受ける時点において同項各号のいずれに
　　　も該当するものとみなす。

Ⓐ　「3 年以上在留」

　「高度専門職 2 号」に移行するためには「高度専門職 1 号」の在留資格
で 3 年以上在留していることが必要です。

Ⓑ　「素行が善良」

　永住許可申請の場合と同じく素行要件が設けられているため，前科の有
無を申請人に確認してください。特に自動車等の運転をする申請人の場合，
反則金ではなく裁判所の略式命令を受けるような重大な違反があると許可
されないおそれがあります。

3．提出資料により在留資格該当性，基準適合性を立証できること

　本章Ⅰ 3.「提出資料により在留資格該当性，基準適合性を立証できるこ
と」で述べたとおり，単に必要書類を収集・提出すれば足りるわけではなく，
その書類で「在留資格該当性」及び「基準適合性」を立証する必要があります。

（7）　家族滞在

　「家族滞在」は，就労や留学のため在留資格を許可された外国人の扶養を受
けて生活するための在留資格です。

　「企業内転勤」の在留資格で日本に派遣されたエクスパットの配偶者と子供
等がこれにあたります。

① 「家族滞在」の在留資格を得るには？

1. 在留資格該当性（申請人の行う活動が以下のような活動であること）

入管法別表第一の四の表の家族滞在の項の下欄に掲げる活動

　　Ⓐ**一の表，二の表又は三の表の上欄の在留資格**（外交，公用，特定技能（二の表の特定技能の項の下欄第1号に係るものに限る。）Ⓑ**技能実習**及び短期滞在を除く。）をもつて在留する者又はこの表の留学の在留資格をもつて在留する者のⒸ**扶養を受ける配偶者**Ⓓ**又は子**Ⓔ**として行う日常的な活動**

Ⓐ 「**一の表，二の表又は三の表の上欄の在留資格**」

　扶養者が「教授」「芸術」「宗教」「報道」「経営・管理」「法律・会計業務」「医療」「研究」「教育」「技術・人文知識・国際業務」「企業内転勤」「介護」「興行」「技能」「特定技能（2号のみ）」「文化活動」「留学（基準省令第1号イ又はロに該当するものに限る）」の在留資格を持っていることが必要です。

Ⓑ 「**技能実習**」

　扶養者が上記以外の在留資格を持っているときは，「家族滞在」の在留資格は許可されません。実務上，「技能実習」「研修」あるいは家事使用人として「特定活動」の在留資格を有する外国人から家族を日本に呼びたいという相談を受けることがありますが，「家族滞在」の在留資格を得ることはできません。

Ⓒ 「**扶養を受ける配偶者又は子として行う日常的な活動**」

　扶養を受けて生活することが必要なので，扶養者（就労可能な在留資格を有する配偶者・親）の報酬額・財産の額が少ないと許可されないことがあります。具体的には，扶養者の月額報酬が15万円から20万円未満だと配偶者と子の家族滞在が認められないことがあります（特に海外から新たに呼び寄せる場合）。

Ⓓ 「**配偶者**」

　「家族滞在」の「配偶者」に含まれるのは法律婚の配偶者のみです。事実

婚のパートナーは，個別具体的な事情（申請人の本国で事実婚が法律上保護されているか否か，扶養者との同居年数，扶養者との間に子がいるか否か等）により，「特定活動」の在留資格が許可されることがあります。

Ⓔ　「子」

　　養子も「子」として「家族滞在」の資格に該当します。

2. 基準適合性（申請人が次の基準に適合していること）

基準省令「法別表第一の四の表の家族滞在の項の下欄に掲げる活動」の基準

　申請人が法別表第一の一の表若しくは二の表の上欄の在留資格，文化活動の在留資格又は留学の在留資格（この表の法別表第一の四の表の留学の項の下欄に掲げる活動の項第一号イ又はロに該当するものに限る。）をもって在留する者の扶養を受けて在留すること。

3. 提出資料により在留資格該当性，基準適合性を立証できること

　本章Ⅰ3.「提出資料により在留資格該当性，基準適合性を立証できること」で述べたとおり，単に必要書類を収集・提出すれば足りるわけではなく，その書類で「在留資格該当性」及び「基準適合性」を立証する必要があります。

②　その他，注意事項

　「家族滞在」の申請人を扶養する外国人（以下，「扶養者」）の収入が比較的少額である場合，扶養者の在留資格（「技術・人文知識・国際業務」等）は許可されたのにその家族の「家族滞在」の在留資格だけが不許可になることがあります。これは，扶養者の収入では，扶養者本人だけなら日本で生活していけるが，その家族の生活費まではまかなえないと考えられるためです。特に先に在留資格を得て在留している扶養者が後から家族を呼び寄せるために在留資格認定証明書交付申請をしたときに，この点が問題になることが多いです。

　そこで，扶養者の収入で家族を扶養できるか疑問を持たれそうな場合（例：

扶養者の収入額が月額 20 万円未満，あるいは子供を複数名呼び寄せる場合等）には，法務省のウェブサイトに掲載されている「家族滞在」の提出資料に加えて扶養者の収入で家族の生活費もまかなえることを説明する資料を提出してください。

なお，「家族滞在」の在留資格で呼び寄せた配偶者が資格外活動許可を得てアルバイトをして生計を支えるという説明は受け入れられない可能性が高いので，避けてください。配偶者が資格外活動で生活を支えている状況では，その配偶者が扶養者の「扶養を受ける配偶者又は子として行う日常的な活動」に従事していると言い難いためです。

(8)　特定活動第 46 号「本邦大学卒業者としての活動」

入管法上，レストランのホールスタッフとしての業務やコンビニエンスストアにおける販売業務等に従事する場合は「技術・人文知識・国際業務」等の就労資格が認められていませんでした。しかし，我が国の人手不足を背景に日本語ができる外国人材をこのような業務に従事させたいという企業側の強い要望により，2019 年 5 月 30 日から，本邦大学卒業者が，大学・大学院において修得した知識・応用的能力等を活用することが見込まれ，かつ日本語能力を生かした業務に従事する場合に「特定活動」の在留資格が認められることになりました。

なお，特定活動告示第 47 号により上記外国人材の扶養を受ける配偶者・子の在留も認められます。

①　「本邦大学卒業者としての活動」を行うことを目的とした「特定活動」の在留資格を得るには？

1.　資格該当性（申請人の行う活動が以下のような活動であること）

Ⓐ**特定活動告示第 46 号**

別表第十一に掲げる要件のいずれにも該当する者が，法務大臣が指定する本邦の公私の機関との契約に基づいて，当該機関のⒷ**常勤の職員として行う**Ⓒ**当該機関の業務に従事する活動**（Ⓓ**日本語を用いた円滑な意思疎通を要する業務**に従事するものを含み，風俗営業活動及び法律上資格を有す

る者が行うこととされている業務に従事するものを除く。)

⑭　「特定活動告示」

　「特定活動」の在留資格で認められる活動の内容は，「出入国管理及び難民認定法第七条第一項第二号の規定に基づき同法別表第一の五の表の下欄に掲げる活動を定める件」(特定活動告示) において定められています。

　そして，「本邦大学卒業者としての活動」を行うことは，この特定活動告示の第 46 号に定められています。

⑧　「常勤の職員として行う」

　常勤性が必要ですので，複数の会社を掛け持ちで就労することはできません。指定書の中に契約機関の名称が明記され，別の機関で就労するときは在留資格変更許可申請が必要になります。

⑨　「当該機関の業務に従事する活動」

　「当該機関の業務に従事する」必要がありますので，契約機関の業務に従事する活動のみが認められ，派遣社員として派遣先において就労活動を行うことはできません。

⑩　「日本語を用いた円滑な意思疎通を要する業務」

　日本語による意思疎通を要する業務であることが求められているため，例えば清掃業務のみに従事することはできません。

2. 要件該当性（申請人が次の基準に該当していること）

　「特定活動」には基準省令上の基準はなく，要件はこの特定活動告示第 46 号の別表第十一に定められています。

別表第十一

一　⒜本邦の大学（⒝短期大学を除く。以下同じ。）を卒業し又は大学院の課程を修了して学位を授与されたこと。

二　⒞日本人が従事する場合に受ける報酬と同等額以上の報酬を受けること。

三　日常的な場面で使われる日本語に加え，論理的にやや複雑な日本語を

含む幅広い場面で使われる⑩日本語を理解することができる能力を有していることを試験その他の方法により証明されていること。

四　本邦の大学又は大学院において修得した⑥広い知識及び応用的能力等を活用するものと認められること。

⟶

Ⓐ　「本邦の」

海外の大学・大学院を卒業した場合はこの在留資格は得られません。

Ⓑ　「短期大学を除く」

短大，その他専門学校や職業訓練校を卒業した場合は，この在留資格は認められません。

Ⓒ　「日本人が従事する場合に受ける報酬と同等額以上の報酬」

この在留資格が創設された際，年間で300万円以上の報酬を受けることを条件とするという議論がありましたが，結局は見送られました。

そこで，同じ職場で同じような業務に従事する日本人と同等以上の報酬を得ていれば，原則としてこの基準を満たすことになります。

但し，万一，最低賃金法所定の最低賃金を下回るような場合は，同等以上の報酬を得ているとは認められません。

Ⓓ　「日本語を理解することができる能力を有していることを試験その他の方法により証明されていること」

「日本語能力試験N1」，又は「BJTビジネス日本語能力テスト480点以上の合格証書」が必要とされています。但し，大学又は大学院において「日本語」を専攻して大学を卒業した方については，N1等を持っていなくても上記要件を満たすとみなされます。

Ⓔ　「広い知識及び応用的能力等を活用するもの」

通常は「技術・人文知識・国際業務」の在留資格が許可されないレストランにおけるホールスタッフ業務や店舗における販売業務に従事することが認められます。また，工場のラインにおいて，社員等の指示を技能実習生その他外国人社員に外国語で伝達・指導しつつ，自らもラインに入って業務に従事することも認められます。但し，大学等で習得した知識や応用能力等を活用するような職務内容であることが必要なので，工場のライン

で社員等から指示された単純作業のみに従事することは認められません。

なお，大学・大学院の専攻と職務内容の関連性までは求められません。

入国在留関係手続

　第3章では行政書士が地方出入国在留管理局において取次申請が可能な主な手続の種類及びその流れを確認していきますが，今一度手続の流れを示したフローチャートを次頁でご確認ください。

Ⅰ　在留資格認定証明書交付申請

　在留資格認定証明書交付申請は，海外在住の外国人を新たに日本に呼び寄せるときに行う申請です。そこで，申請人である外国人はまだ海外にいるのが通常であり，日本国内の代理人（所属機関の職員等）によって申請することも可能です。ここでは，在留資格認定証明書交付申請から，申請人が本邦に入国し在留資格を得るまでの一連の流れを説明します。

Step1　地方出入国在留管理局での在留資格認定証明書交付申請
　管轄の地方出入国在留管理局にて，事前に在留資格該当性・上陸基準適合性の要件に適合しているかどうかを認定してもらうための申請です。

＜申請書類提出者＞
①　日本への入国を希望する外国人本人（本人が申請時に本邦に滞在している場合）
②　当該外国人を受け入れようとする機関の職員（就労資格の場合）
③　申請取次者（地方出入国在留管理局に届け出た弁護士又は行政書士等）
④　申請人本人の法定代理人

＜申請場所＞
　所属機関における人事機能のあるオフィスを管轄する地方出入国在留管理局又は

在留資格認定証明書（COE）交付申請の流れ

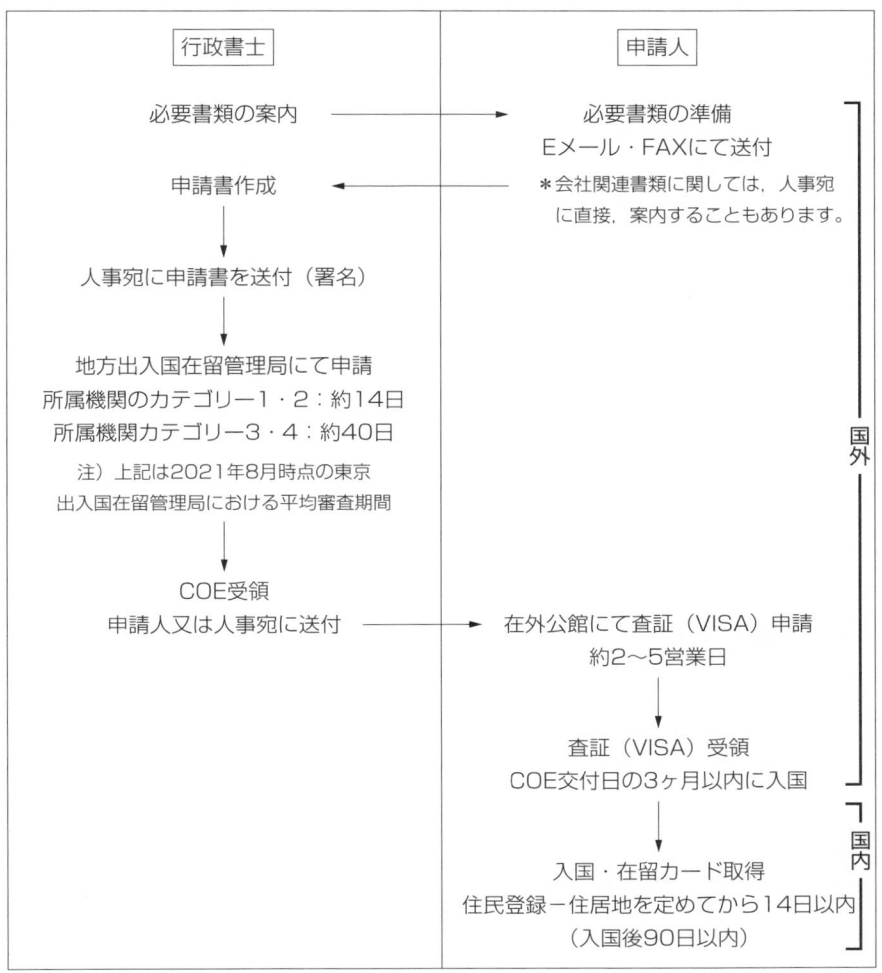

* 所要日数はあくまでも目安となります。申請してから COE 受領までの期間は，管轄の地方出入国在留管理局，申請する内容，時期によっても異なります。
* 査証（VISA）申請は，原則として申請人の本国又は居住権を持つ国の住居地を管轄する在外公館にて行います。在外公館での申請方法（代理機関を通す必要性の有無等）や必要書類等は，各在外公館により異なりますので，直接，申請する予定の在外公館に確認が必要です。

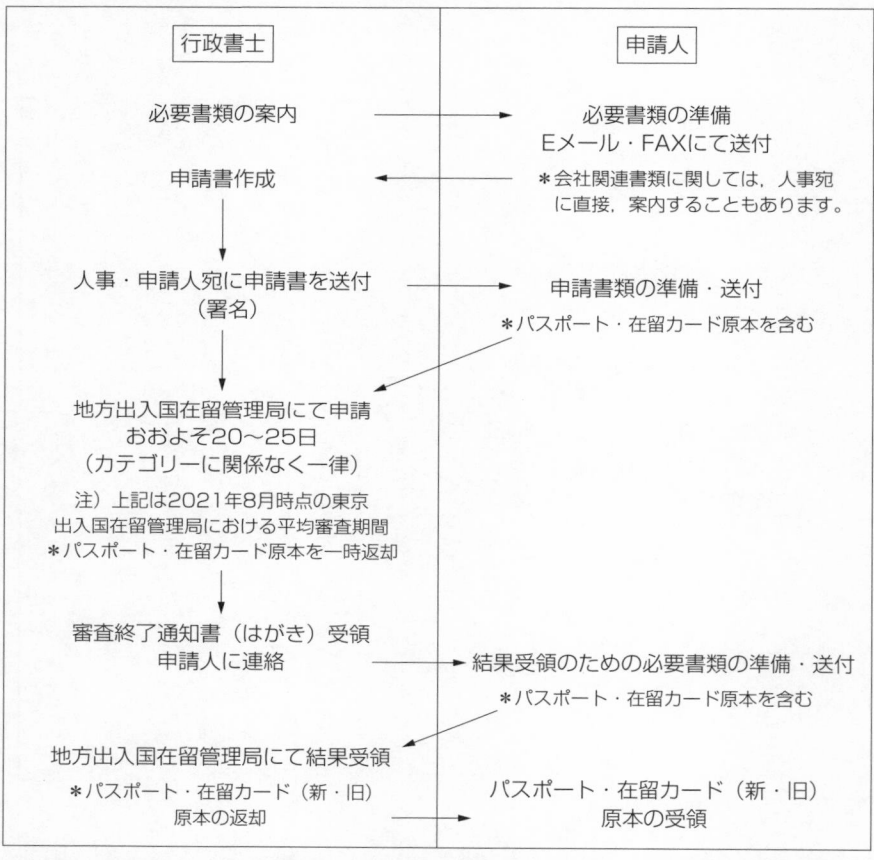

在留資格変更許可申請（C），在留期間更新許可申請（E）の流れ

行政書士 ／ 申請人

必要書類の案内 → 必要書類の準備
Eメール・FAXにて送付
＊会社関連書類に関しては，人事宛
に直接，案内することもあります。

申請書作成 ←

人事・申請人宛に申請書を送付 → 申請書類の準備・送付
（署名） ＊パスポート・在留カード原本を含む

地方出入国在留管理局にて申請
おおよそ20～25日
（カテゴリーに関係なく一律）

注）上記は2021年8月時点の東京
出入国在留管理局における平均審査期間
＊パスポート・在留カード原本を一時返却

審査終了通知書（はがき）受領
申請人に連絡 → 結果受領のための必要書類の準備・送付
＊パスポート・在留カード原本を含む

地方出入国在留管理局にて結果受領
＊パスポート・在留カード（新・旧） → パスポート・在留カード（新・旧）
原本の返却 原本の受領

＊　所要日数はあくまでも目安となります。申請してから審査が完了するまでに要する期間は，管轄の地方出入国在留管理局，申請する内容，時期によっても異なります。

＊　在留資格変更許可申請，在留期間更新許可申請があった場合（30日以下の在留期間を決定されている者から申請があった場合を除く）において，その申請の時に当該外国人が有する在留資格に伴う在留期間の満了の日までにその申請に対する処分がされないときは，当該外国人は，その在留期間の満了後も，当該処分がされる時又は従前の在留期間の満了の日から2ヶ月を経過する日が終了する時のいずれか早い時までの間（以下，「特例期間」といいます）は，引き続き当該在留資格をもって本邦に在留することができます。

＊　地方出入国在留管理局での審査が続いている間であっても，申請人は出国することが可能です。ただし，必ずみなし再入国か再入国許可（後述）を得た上で，出国していただく必要があります。みなし再入国で出国をした場合，再入国後，特例期間内に結果受領をする必要があります。再入国許可を利用して出国した場合，当該再入国許可の期限内に再入国をした上で，特例期間内に結果受領をする必要があります。

申請人が実際に勤務するオフィスを管轄する地方出入国在留管理局

＜申請時期＞

予測される審査期間から逆算をして，余裕を持って申請すべきです。

しかし，在留資格認定証明書の有効期限は発行日から 3 ヶ月であり，この間に在外公館にて査証の発給を受けた上で在留資格認定証明書の有効期限内に日本への入国もしなくてはなりません。そこで，早く申請し過ぎて申請人の来日予定日の 3 ヶ月以上前に在留資格認定証明書が交付されてしまうと，来日までに有効期限が切れてしまうことになるので注意が必要です。

＜審査期間＞

法務省のウェブサイト記載の標準処理期間は，1 ヶ月から 3 ヶ月。

但し，追加資料の要求を受けた場合等，長期化することもあります。

＜結果の通知方法＞

許可の場合

在留資格認定証明書原本の送付を以って通知

不交付の場合

不交付通知の送付を以って通知

なお，不交付となった場合にはその理由について地方出入国在留管理局にて説明を受けてください。

Step2　在外公館での査証申請

在留資格認定証明書が交付された後，日本に入国するための査証の発給を受けるため本国又は居住権を持つ国の住居地を管轄する在外公館にて申請します。

＜申請者＞

①　申請人本人

②　代理人（申請人の勤務先の職員等による申請を認める在外公館もある）

③　指定代理機関（中国，フィリピン等では在外公館が指定する代理機関を通じて申

請する必要があります)

＜申請方法＞

①　原則として，直接在外公館に出向き申請

②　管轄エリアが広大な在外公館によっては，郵送での申請が受け付けられている場合もあります。

＜申請場所＞

①　申請人の本国の住居地を管轄する在外公館[1]

②　申請人が居住権を持つ国の住居地を管轄する在外公館

＜審査期間＞

通常 2～5 営業日程度ですが，各在外公館の状況及び案件によって異なります。

＜結果の通知方法＞

許可の場合

パスポート上に査証が貼り付けられ，申請者自らが受領に出向きます（郵送申請の場合は指定した住所へ発送）。

Step3　入国

査証が発行されたら，晴れて入国が可能となり，入国時に上陸許可の証印を受け，主要空港においてはその場で在留カードの交付を受けられます（ちなみに，一連の審査中でも「短期滞在」の在留資格での日本への出入国は可能ですが，報酬を伴う活動など，「短期滞在」の在留資格で行うことのできない活動がある点に注意してください）。

1　台湾には大使館・領事館等の在外公館がなく，これに代わって公益財団法人日本台湾交流協会が査証発給業務を行っています。

＜入国の期限＞

在留資格認定証明書に印字されている発行日から 3 ヶ月以内に在外公館で査証の発給を受け，かつ入国する必要があります。発行日から 3 ヶ月以内に査証発給を受けるだけではなく，入国しなければならない点に注意してください。

＜上陸許可の証印＞

上陸審査時，在留資格認定証明書原本及びパスポート上の査証を入国審査官に呈示し，上陸許可の証印を受けます。この際に今回許可されている滞在の内容が記載されたシール状の証印がパスポートに貼り付けられます。許可内容は在留資格認定証明書にて許可された内容に準じ，在留期限は上陸日から起算されます。

＜在留カードの発行場所＞

成田空港，羽田空港，中部空港，関西空港，新千歳空港，広島空港及び福岡空港等にて上陸審査を受ける際は，入国時に交付となります。在留カードを交付しない空港や港から入国したときは，入国後に本人が市区町村役場に届け出た住居地に在留カードが郵送されます。

Step4　住居地の届出

在留カードが発行された後，住居地の登録をして手続が完了になります。

＜届出をする場所＞

住居地を管轄する市区町村役場

＜届出をする期限＞

住居地を定めた日から 14 日以内，かつ上陸後 90 日以内

※　上陸より 90 日を過ぎても住居地の届出がなされない場合，在留資格の取消しの対象となり得ます。

しかし，正当な理由（頻繁な出張を繰り返して一回あたりの本邦滞在期間が短い場合，在留活動の性質上住居地の設定をしていない場合，等）がある場合はこの限

りではありません。

<届出の例外>

　住居地の届出が義務付けられているのは在留カードが発行された中長期在留者（入管法上の在留資格をもって我が国に中長期間在留する外国人）のみとなります。在留カードは3ヶ月より長い在留期間を与えられた場合のみに発行されるため，3ヶ月以下の在留期間を与えられた場合にあっては届出の必要はありません。

Ⅱ　在留資格変更許可申請（在留資格認定証明書を使用する場合）

　Ⅰのとおり，外国人が本邦で中長期滞在者としての在留資格を得るためには，日本への渡航前に事前に在留資格認定証明書を取得し，その認定証明書を持って住居地の在外公館にて査証を申請する必要があります。しかし，在留資格認定証明書が交付された後，在外公館にて査証申請を行うだけのスケジュールを確保することができないなど，やむを得ない事情がある場合に限り，例外的に日本に「短期滞在」の在留資格で在留しながら，査証申請に相当する手続を行える方法があります。これが在留資格認定証明書を添付した在留資格変更許可申請[2]です。

　しかし，あくまでも例外的な救済措置であるため，下記の条件を満たしている者のみ申請が受け付けられます。

・　在留資格認定証明書の発行時点で，既に日本に入国[3]していること
・　その後，地方出入国在留管理局に申請をしてから許可を受けるまで本邦に在留し続けること

2　この手続が認められるか否かは，当局の裁量に任せた運用となるため，受理及び許可を約束する案内はしないこと。突如運用が停止される場合もあるので，十分な注意が必要です。
3　つまり，「短期滞在」の在留資格にて入国していることになります。そのため，非査証免除国の国籍者にとっては査証申請を経る必要があり，その期間や手間を十分考慮した上での案内が必要となります。

＜申請書類提出者＞

① 日本での在留資格の変更を希望する外国人本人

② 申請取次者（地方出入国在留管理局に届け出た弁護士又は行政書士等）

③ 申請人本人の法定代理人

＜申請場所＞

申請人の居所を管轄する地方出入国在留管理局[4]

＜審査期間＞

　在留資格認定証明書を添付して申請するときは，東京出入国在留管理局においては通常1週間から3週間程度で審査が完了します。

＜結果の通知方法＞

許可の場合

　通知書の郵送を以って通知

不許可の場合

　不許可通知の郵送を以って通知[5]

＜許可を受ける者＞

① 日本での在留資格の変更を希望する外国人本人

② 申請取次者（地方出入国在留管理局に届け出た弁護士又は行政書士等）

③ 申請人本人の法定代理人

＜許可を受ける場所＞

申請した地方出入国在留管理局

4　この場合申請人は「短期滞在」者であり住居地がないことがほとんどであるため，申請人の「居所」（滞在先のホテル等）が管轄を決定する基準になります。

5　本人が出頭するよう指示があり，口頭で不許可理由を伝えられます。不許可理由を正確に把握するために，行政書士が同行します。

＜許可を受ける方法＞

　通知書，パスポート，手数料納付書に収入印紙 4,000 円を貼付して，地方出入国在留管理局へ提出します。

　在留カードの交付を受けます。交付された在留カードの記載内容から新たな在留資格及び在留期間を知ることができます。

　許可を受け，在留カードが発行されたら，海外で査証申請を受けて入国した場合と同様，住居地の届出をする必要があることに注意してください。

Ⅲ　在留資格変更許可申請

　在留資格を有する外国人が在留目的を変更して別の在留資格に該当する活動を行おうとする場合に，従来有していた在留資格を，新しい在留資格に変更するために許可を受ける際の申請が，在留資格変更許可申請です。

＜申請書類提出者＞

①　日本での在留資格の変更を希望する外国人本人
②　申請取次者[6]（地方出入国在留管理局に届け出た弁護士又は行政書士等）
③　申請人本人の法定代理人

＜申請場所＞

申請人の住居地を管轄する地方出入国在留管理局[7]

6　申請取次者が申請する場合でも，申請人が日本に滞在していなければなりません。出国中は申請することができません（申請が受理された後，審査中の出国は可能）。
7　申請人の住居地と申請人が所属している（又は所属する予定のある）機関の事務所所在地が異なる管轄にある場合，申請人が当該事務所にて活動をする（又はする予定のある）場合に限り，当該申請人が受け入れられている又は受け入れられようとしている機関の職員による申請等取次ぎを例外的に認めています。申請取次者が取り次ぐことも可能です。
　これにより，例えば，大阪に住居地のある学生が，東京の会社に就職をするために在留資格を変更する場合など，住民票を移す前に東京管轄にて申請を進めることが可能となります。

＜申請時期＞

　日本での活動内容が現在の在留資格で認められる活動に該当しなくなるとき（あるいは該当しなくなったとき）はすみやかに申請が必要となります。これ以外の場合は，在留資格の変更を希望するときに申請します。

＜審査期間＞

　法務省のウェブサイト記載の標準処理期間は，2 週間から 1 ヶ月。

　但し，追加資料の要求を受けた場合等，長期化することもあります。

＜結果の通知方法＞

許可の場合

　通知書の郵送を以って通知

不許可の場合

　不許可通知の郵送を以って通知[8]

＜許可を受ける者＞

①　日本での在留資格の変更を希望する外国人本人

②　申請取次者[9]（地方出入国在留管理局に届け出た弁護士又は行政書士等）

③　申請人本人の法定代理人

＜許可を受ける場所＞

申請した地方出入国在留管理局[10]

8　本人が出頭するよう指示があり，口頭で不許可理由を伝えられます。不許可理由を正確に把握するために，行政書士が同行します。

9　申請取次者が許可を受ける場合でも，申請人が日本に滞在していなければならないので，出国中は許可を受けることができません。

10　原則として他の地方出入国在留管理局で許可を受けることができません。しかし，申請受理後に申請人が他の地方出入国在留管理局が管轄する地域に転居したときは，これを申請した地方出入国在留管理局に申し出ることにより転居先の地方出入国在留管理局で許可を受けることができます。

＜許可を受ける方法＞

　通知書，パスポート，在留カード，手数料納付書に収入印紙4,000円を貼付して，地方出入国在留管理局へ提出します。

　現在の在留カードは効力を失い，新しい在留カードの交付を受けます。交付された在留カードの記載内容から新たな在留資格及び在留期間を知ることができます。

＜在留資格変更許可の効力発生時期＞

　在留資格変更許可の効力は，許可を受けた時点（新しい在留カードが発行された時）までは発生しませんので，許可を受けるまでは在留資格変更後に認められる活動を開始することはできません。

　例えば，「留学」や「企業内転勤」の在留資格から「技術・人文知識・国際業務」への在留資格変更許可申請をした場合や，指定書によって勤務先が定められている「高度専門職1号」の在留資格を持つ申請人が他社へ転職した際などには，申請を取次いだ行政書士が新たな在留カードを受領するまでは，原則としては就労を開始してはいけません。

＜在留期間の特例＞

　在留期間の満了の日までに申請した場合において，申請に対する処分が在留期間の満了日までにされないときは，その在留期間の満了後も，当該処分がされるとき又は従前の在留期間の満了の日から2ヶ月を経過する日のいずれか早いときまで，引き続き当該在留資格をもって本邦に在留することができます[11]。在留期間の満了の日から2ヶ月を経過したときは不法残留となります。

＜在留資格の取消し＞

　保持している在留資格に基づく本来の活動を3ヶ月以上行わないで在留していた場合，正当な理由がないと判断された場合にはその外国人の在留資格が取り消される可能性があるため，在留目的である活動内容に変化があった場合に

11　この期間に出国も可能ですが，その在留期間の満了後，2月を経過する前に，許可を受けなければならないので，余裕を持って再入国する必要があります。

は，速やかに在留資格変更許可申請を行うべきです。

Ⅳ　在留期間更新許可申請

　本申請は既に中長期在留資格を持っている申請者の在留期限が迫った際，引き続き同じ在留資格に対して在留資格該当性のある活動を行う者が在留期限を更新するための申請です。

＜申請書類提出者＞

①　日本での在留期間の更新を希望する外国人本人

②　申請取次者[12]（地方出入国在留管理局に届け出た弁護士又は行政書士等）

③　申請人本人の法定代理人

＜申請場所＞

申請人の住居地を管轄する地方出入国在留管理局[13]

＜申請時期＞

　在留期間の満了日のおおよそ 3 ヶ月前から申請[14] することができます。在留期間の満了日[15] までに申請しなければなりません。

12　申請取次者が申請する場合でも，申請人が日本に滞在していなければならないので，出国中は申請することができません（申請が受理された後，審査中の出国は可能）。

13　申請人の住居地と申請人が所属している（又は所属する予定のある）機関の事務所所在地が異なる管轄にある場合，申請人が当該事務所にて活動をする（又はする予定のある）場合に限り，当該申請人が受け入れられている又は受け入れられようとしている機関の職員による申請等取次ぎを例外的に認めています。申請取次者が取り次ぐことも可能です。

14　基本的に 3 ヶ月より前には申請することができません。

15　在留期間満了日までに申請すれば足り，更新許可を得る必要はありません。申請が在留期間満了日までに受理されれば，在留期間の満了後も，審査結果が出るとき又は従前の在留期間の満了の日から 2 月を経過する日のいずれか早いときまで，引き続き現在の在留資格で在留することができます。

＜審査期間＞

　法務省のウェブサイト記載の標準処理期間は，2週間から1ヶ月。

　但し，追加資料の要求を受けた場合等，長期化することもあります。

＜結果の通知方法＞

許可の場合

　通知書の郵送を以って通知

不許可の場合

　不許可通知の郵送を以って通知[16]

＜許可を受ける者＞

① 　日本での在留期間の更新を希望する外国人本人

② 　申請取次者[17]（地方出入国在留管理局に届け出た弁護士又は行政書士等）

③ 　申請人本人の法定代理人

＜許可を受ける場所＞

　申請した地方出入国在留管理局[18]

＜許可を受ける方法＞

　通知書，パスポート，在留カード，手数料納付書に収入印紙4,000円を貼付して，地方出入国在留管理局へ提出します。

　現在の在留カードは効力を失い，新しい在留カードの交付を受けます。交付された在留カードの記載内容から在留資格及び在留期間を知ることができます。

16　本人が出頭するよう指示があり，口頭で不許可理由を伝えられます。不許可理由を正確に把握するために，行政書士が同行します。

17　申請取次者が許可を受領する場合でも，申請人が日本に滞在していなければならないので，出国中は許可を受領することができません。

18　原則として他の地方出入国在留管理局で許可を受けることができません。しかし，申請受理後に申請人が他の地方出入国在留管理局が管轄する地域に転居したときは，これを申請した地方出入国在留管理局に申し出ることにより転居先の地方出入国在留管理局で許可を受けることができます。

＜在留期間の特例＞

在留期間の満了の日までに申請した場合において，申請に対する処分が在留期間の満了日までにされないときは，その在留期間の満了後も，当該処分がされるとき又は従前の在留期間の満了の日から2ヶ月を経過する日のいずれか早いときまで，引き続き当該在留資格をもって本邦に在留することができます[19]。在留期間の満了の日から2ヶ月を経過したときは不法残留となります。

Ⅴ　資格外活動許可申請

資格外活動許可申請は，主に日本に在留する外国人が保持している在留資格で許されている活動に属さない，収入を伴う事業を運営する活動又は報酬を受ける活動（例えば「家族滞在」にて在留中の配偶者・16歳以上の子供や，「留学」にて在学中の留学生，また，日本の大学を卒業し，就職活動をする目的で「特定活動」の在留資格での許可が与えられている就活生がアルバイトをする場合など）をする際に受ける許可です。既に就労資格を保持している外国人が，許可を得た活動以外を行う場合（例えば「技術・人文知識・国際業務」資格で会社勤めをしている外国人が，教育機関で講師として活動をする場合等）も，この許可を得れば規定の時間内での活動が可能です。申請の際，下記の点にご注意ください。

- ・　上陸に伴う在留資格認定証明書の交付申請時には申請することはできない。
- ・　既に資格外活動許可を得ている者が，本来の在留資格の在留期間更新後もその活動を続けたい場合は，資格外活動許可申請を同時にし，許可を得る必要がある。
- ・　週に28時間[20]までの就労時間の制限はあるが，報酬額の上限はない。
- ・　申請人が「留学」「家族滞在」の在留資格で在留するときは，雇用契約

19　この期間に出国も可能ですが，その在留期間の満了後，2月を経過する前に，許可を受けなければならないので，余裕を持って再入国する必要があります。
20　「留学」の在留資格をもって在留する者については，在籍する教育機関が学則で定める長期休業期間にあるときは，1日について8時間以内までの就労が可能です。

先，業務内容等が未定の場合でも包括的許可を受けることができる。
・　風俗営業若しくは店舗型性風俗特殊営業が営まれている営業所において行うもの，又は無店舗型性風俗特殊営業，映像送信型性風俗特殊営業，店舗型電話異性紹介営業若しくは無店舗型電話異性紹介営業に従事するものを除く。

<申請書類提出者>
①　日本での在留資格に属さない収入を伴う事業を運営する活動又は報酬を受ける活動を行おうとする外国人本人
②　申請取次者[21]（地方出入国在留管理局に届け出た弁護士又は行政書士等）
③　申請人本人の法定代理人

<申請場所>
申請人の住居地を管轄する地方出入国在留管理局

<申請時期>
　日本での在留資格に属さない収入を伴う事業を運営する活動又は報酬を受ける活動を行おうとするとき。

<審査期間>
　法務省のウェブサイト記載の標準処理期間は，2週間〜2ヶ月。

<結果の通知方法>
許可の場合
　通知書の郵送を以って通知
不許可の場合
　不許可通知の郵送を以って通知[22]

21　申請取次者が申請する場合でも，申請人が日本に滞在していなければならないので，出国中は申請することができません（申請が受理された後，審査中の出国は可能）。

＜許可を受ける者＞

①　日本での在留資格に属さない収入を伴う事業を運営する活動又は報酬を受ける活動を行おうとする外国人本人

②　申請取次者[23]（地方出入国在留管理局に届け出た弁護士又は行政書士等）

③　申請人本人の法定代理人

＜許可を受ける場所＞

申請した地方出入国在留管理局[24]

＜許可を受ける方法＞

通知書，パスポート，在留カードを持参して，地方出入国在留管理局へ提出します。

在留カードの裏面の資格外活動許可欄に許可印が押印され，パスポートの適当なページに許可印が貼印されます。許可期限は現在有効な在留資格と同じ日までとなります[25]。

Ⅵ　再入国許可申請

日本に在留する外国人が，一時的に出国し再び日本に入国しようとする場合に，入国・上陸手続を簡略化するために出国に先立って与えられる許可が再入国許可です。

なお，出国の日から1年以内に再入国をする場合には，空港において，出国から1年以内の再入国が可能な「みなし再入国許可」を得ることができます。しかし，1年を超えて日本を離れる場合は，地方出入国在留管理局において通

22　本人が出頭するよう指示があり，口頭で不許可理由を伝えられます。不許可理由を正確に把握するために，行政書士が同行します。

23　申請取次者が許可を受領する場合でも，申請人が日本に滞在していなければならないので，出国中は許可を受領することができません。

24　原則として他の地方出入国在留管理局で許可を受けることができません。

25　在留期間更新許可申請と同時に申請したときは，更新許可と同時に資格外活動許可が出ます。

常の再入国許可を得てから出国する必要があります。再入国許可には1回限り有効のものと，有効期間内であれば何回も使用できる数次有効のものの2種類があります。

　なお，許可期限内（現に有する在留期間の範囲内で，5年間[26]を最長として決定される）に再入国しなかった場合は，在留資格が取消しとなるので注意が必要です。

＜申請対象者＞
　本邦に在留する外国人で在留期間の満了の日以前に再び入国する意図をもって出国しようとする外国人。

　特に以下のような場合に再入国許可を取得する必要性があります。
① 　中長期在留資格を保持していて，出国から1年を超えて日本を離れる可能性のある者
② 　みなし再入国許可による出国ができない以下の者
　・ 　3ヶ月以下の在留期間を決定された者
　・ 　在留資格取消手続中の者
　・ 　出国確認の留保対象者
　・ 　収容令書の発付を受けている者
　・ 　難民認定申請中の「特定活動」の在留資格をもって在留する者
　・ 　日本国の利益又は公安を害する行為を行うおそれがあることその他の出入国の公正な管理のため再入国の許可を要すると認めるに足りる相当の理由があるとして法務大臣が認定する者

＜申請書類提出者＞
① 　再入国を希望する外国人本人
② 　申請取次者[27]（地方出入国在留管理局に届け出た弁護士又は行政書士等）

26　特別永住者の方は6年間。
27　申請取次者が申請する場合でも，申請人が日本に滞在していなければならないので，出国中は申請することができません。

③　申請人本人の法定代理人

＜申請場所＞
申請人の住居地を管轄する地方出入国在留管理局[28]

＜申請時期＞
出国する前

＜審査期間＞
即日交付

＜結果の通知方法＞
即日交付

＜許可を受ける者＞
①　再入国を希望する外国人本人
②　申請取次者（地方出入国在留管理局に届け出た弁護士又は行政書士等）
③　申請人本人の法定代理人

＜許可を受ける場所＞
申請した地方出入国在留管理局

＜許可を受ける方法＞
　手数料納付書に，収入印紙3,000円（一回限りの再入国許可）又は6,000円（数次の再入国許可）を貼付して，地方出入国在留管理局へ提出します。
　パスポート内のページに，再入国許可印が貼付され，再入国許可期間と期限日を知ることができます。

28　原則として出入国港に所在する地方出入国在留管理局出張所では再入国許可申請はできません。このため，事前に地方出入国在留管理局にて再入国許可を得ておく必要があります。

＜みなし再入国について＞

みなし再入国許可とは，日本に「在留資格をもって在留する外国人で有効な旅券を所持している方のうち，「3月」以下の在留期間を決定された方及び「短期滞在」の在留資格をもって在留する方以外の方が，出国の日から1年以内[29]に再入国する場合には，原則として通常の再入国許可の取得を不要とするもの」です。

みなし再入国許可により出国しようとする場合は，旅券及び在留カードを呈示し，再入国出国記録（再入国EDカード）の「一時的な出国であり，再入国する予定です」というチェック欄にチェックして，みなし再入国許可による出国を希望する旨を空港の入国審査官に伝える必要があります。通常の再入国許可を持っていない場合に，このみなし再入国許可を得ずに出国するとその時点で在留資格を失って，再度入国手続を最初からやり直す必要が生じますので，注意が必要です。

Column 再入国許可を取得しておくことの意味

現行法上，3年間又は5年間という長期間の在留期間が許可され得るため，在留期間中に日本から海外に転勤するような事例が増えています。

長期間日本に居住しないのであれば本来は在留資格を一旦キャンセルして，将来日本に帰任する際に取り直すべきです。しかし，転勤が一時的なもので在留期間内に日本に帰任することが決まっているような場合は，再入国許可を取っておけば，仮に1年間を超えて日本に戻らなくても在留資格を維持することができます（但し，日本に在留していた日数が極端に少ないときは在留期間更新許可がおりないおそれがあります）。なお，この場合，転勤前に市区町村役場に国外への転出届を出し，帰任の際には国外からの転入届を出します。

29　特別永住者の方は2年以内。

Ⅶ　就労資格証明書交付申請

　就労資格証明書交付申請とは，簡単にいうと，既に就労のための在留資格を持って在留している外国人の在留資格が，新たに就く職務に対しての在留資格該当性があるかどうかの御墨付きを得る[30] ための申請です。

＜申請書類提出者＞

① 　就労資格証明書の交付を希望する外国人本人
② 　申請取次者[31]（地方出入国在留管理局に届け出た弁護士又は行政書士等）
③ 　申請人本人の法定代理人

＜申請場所＞

申請人の住居地を管轄する地方出入国在留管理局

＜申請時期＞

　希望する時に申請することができます。あくまでも，保持している在留資格が有効期限内であることが前提です。

＜審査期間＞

　法務省のウェブサイト記載の標準処理期間は，当日（勤務先を変えた場合などは 1ヶ月～3ヶ月）

＜結果の通知方法＞

許可の場合

　通知書の郵送を以って通知

不許可の場合

　不許可通知の郵送を以って通知[32]

30　転職をする際に就労資格証明書交付申請を行う義務があるわけではありません。
31　申請取次者が申請する場合でも，申請人が日本に滞在していなければなりません。出国中は申請することができません（申請が受理された後，審査中の出国は可能）。

＜許可を受ける者＞

① 就労資格証明書の交付を希望する外国人本人

② 申請取次者[33]（地方出入国在留管理局に届け出た弁護士又は行政書士等）

③ 申請人本人の法定代理人

＜許可を受ける場所＞

申請した地方出入国在留管理局[34]

＜許可を受ける方法＞

通知書，パスポート，在留カード，手数料納付書に収入印紙 1,200 円を貼付して，地方出入国在留管理局へ提出し，交付を受けます。

Ⅷ 契約機関／活動機関に関する届出

契約機関／活動機関の届出とは，就労可能な在留資格を持って活動する外国人の活動状況に，下記の様な変更があった際に必要になる手続です。所属する機関が“活動機関”となるのか，“契約機関”となるのかについては，保持する在留資格によって分類されます。

この手続はあくまで“届出”であり，“申請”とは異なるため，審査はありません。必要事項を当局に伝えることが目的となります。本手続の運用が開始されたのは 2012 年のことですが，手続の存在自体を知らない中長期在留者本人や，会社人事の方などが未だに多数います。この届出を適切に履行していないがために，その後の在留期間更新許可申請時において，希望した在留期間より

---

32 本人が出頭するよう指示があり，口頭で不許可理由を伝えられます。不許可理由を正確に把握するために，行政書士が同行します。

33 申請取次者が許可を受ける場合でも，申請人が日本に滞在していなければならないので，出国中は許可を受けることができません。

34 原則として他の地方出入国在留管理局で許可を受けることができません。しかし，申請受理後に申請人が他の地方出入国在留管理局が管轄する地域に転居したときは，これを申請した地方出入国在留管理局に申し出ることにより転居先の地方出入国在留管理局で許可を受けることができます。

も短い期間の許可となるなどの不利益が生じることが多々あるため，転職者の
申請をする際などには届出の時期を含めて，本届出が適切に行われているか確
認が必要です。

＜所属する機関が"活動機関"と分類される在留資格＞
教授，高度専門職 1 号（ハ），高度専門職 2 号（ハ），経営・管理，法律・会計
業務，医療，教育，企業内転勤，技能実習，留学，研修

＜所属する機関が"契約機関"と分類される在留資格＞
高度専門職 1 号（イ）又は（ロ），高度専門職 2 号（（イ）又は（ロ）），研究，技
術・人文知識・国際業務，介護，興行，技能

＜活動機関に関する届出をする場合＞
① 　活動機関の名称変更・所在地変更・消滅の場合
② 　活動機関から離脱した場合
③ 　活動機関の移籍があった場合

＜契約機関に関する届出をする場合＞
① 　契約機関の名称変更・所在地変更・消滅の場合
② 　契約機関との契約を終了した場合
③ 　新たな契約機関と契約を締結した場合

＜届出時期＞
上記事由が発生した日から 14 日以内

＜届出書類提出者＞
① 　上記事由が生じた外国人本人
② 　申請取次者（地方出入国在留管理局に届け出た弁護士又は行政書士等）

＜届出の方法＞
①　管轄の地方出入国在留管理局への直接提出
②　東京出入国在留管理局在留管理情報部門届出受付担当への郵送提出（住居地を管轄する地方出入国在留管理局ではなく常に東京）
③　出入国在留管理庁電子届出システムを利用して，インターネットにより届出

Column　電子申請について

＜オンライン申請について＞

　2019年7月25日よりオンラインでの申請手続がスタートしました。それ以前より，所属機関に関する届出についてはオンライン上での手続が可能でしたが，これは基本的には申請人が自身でアカウントを作成し，自身の責任において届け出るという方式になります。一方，2019年7月より開始されたオンライン申請では，申請人本人による利用は認められておらず，利用できるのは①申請人の所属機関の職員，②弁護士又は行政書士，③外国人の円滑な受け入れを図ることを目的とする公益法人の職員，④登録支援機関の職員に限定されています。

　オンライン申請のメリットとしては，やはり待ち時間による時間のロスがなくなるということでしょうか。東京出入国在留管理局などの取扱件数の多い入管では，半日がかりの申請となるため，オンライン申請は効率よく業務を遂行する上で役立ちます。また，在留期限が差し迫っており一刻も早く申請を入れたい状況においても，オンライン申請が重宝するかと思います。

　逆にデメリットとしては，オンライン申請を利用するための手続きに手間がかかる点が挙げられます。オンライン申請を開始するためには利用申出の手続きを管轄の出入国在留管理局に行う必要があり，更に，利用を継続するためには，年に一度の定期報告も義務付けられています。これらは行政書士側が一度行えば済むものではなく，オンライン申請をする外国人の所属機関ごとの申請が必要です。すなわち，オンライン申請の承認状態にある機関を所属機関とした申請でない限りは，依頼の度に利用開始手続きを行わなくて

はならないため，制度利用開始のハードルは高いのが現状です。

　とはいえ，コロナ禍の影響もあり，今までなかなか進まなかった行政手続のオンライン化に政府が本腰を入れて取り組むようになりました。例えば，2019 年当初は在留期間更新許可申請などの 3 種類の申請のみがオンライン申請の対象とされていましたが，現在では①在留資格認定証明書交付申請，②在留資格変更許可申請，③在留期間更新許可申請，④在留資格取得許可申請，⑤就労資格証明書交付申請，⑥再入国許可申請，⑦資格外活動許可申請の計 7 種類の手続きが申請可能（⑥・⑦については，②～④と同時申請の場合に限る）となりました。また，今後は所属機関等だけではなく申請人本人のオンライン申請も認められるようになる予定です。

　今後もオンライン申請の拡充が予測されますので，適宜出入国在留管理庁の「在留申請のオンライン手続」のページをご確認下さい。

＜オンライン申請利用の流れ＞

①　利用申出（外国人の所属機関を管轄する地方出入国在留管理官署に出向いての手続）

②　承認

- -

③　オンラインによる申請

④　審査

⑤　結果受領（郵送又は入管での直接交付を選択）

※　運用方法及び範囲については，今後変わっていくことが見込まれます。
　　出入国在留管理庁のウェブサイトにてその都度確認してください。

第4章

申請書と提出資料

（1）申請書を作成する際に気をつけること

　入国在留手続関係申請で最も重要な書類は申請書です。行政書士は，自分で作成する理由書その他の添付書類を重視しがちですが，添付書類は申請書の記載の裏付け資料ですから，そもそも申請書の記載に不備があっては話になりません。例えば，「経営・管理」の在留資格を申請する際に申請人が「経営者」として申請するのか「管理者」として申請するのかによって適合すべき基準が異なります。具体的には「経営者」には（少なくとも基準省令上は）事業の経営・管理経験は求められていませんので，通常申請人が経営・管理経験を有することを立証する資料は提出しません。これに対して，「管理者」には「事業の経営又は管理について3年以上の経験（大学院において経営又は管理に係る科目を専攻した期間を含む。）」が求められているので，通常これを立証する資料の提出も必要になります。そこで，「経営者」として申請するつもりで経営・管理経験の立証資料を添付していないにもかかわらず，申請書の「活動内容」の欄では「管理者」の方にチェックを入れてしまったら，経営・管理経験の立証がされていないという理由で申請を不許可にされても文句は言えません。実務上は，このような場合でも，地方出入国在留管理局の審査官が提出資料を総合的に見て「経営者」として「経営・管理」の在留資格を許可してくれることもありますし，あるいはいきなり不許可の結果を出すのではなく，「管理者」として申請するなら経営・管理経験の立証資料を追加提出するよう，行政書士に連絡をくれることもあります。しかし，行政書士としては審査官の特別な配慮で許可がもらえるような書類を作成・提出してはいけません。

 **Point**

入国在留手続関係申請で最も重要な書類は，申請書。理由書その他の提出資料は，申請書の記載の裏付け資料。

　所属機関がカテゴリー１又はカテゴリー２に該当するときは，申請書の記載に一層注意を払う必要があります。カテゴリー１又はカテゴリー２の場合は，添付書類がほとんど必要ないのですから，申請書の記載だけで在留資格該当性・基準適合性等を示さなければなりません。

　申請書の「職務上の地位」及び「職務内容」の欄では，申請人が行う業務が当該在留資格で認められた活動に該当することを示す必要があります（在留資格該当性）。具体的には，「技術・人文知識・国際業務」を申請するときは，「職務上の地位」及び「職務内容」の欄に記載する申請人の地位や職務内容がアカデミックな専門知識を要するようなものになっていることが必要です。筆者の事務所が過去に扱った事例では，「職務上の地位」を「アシスタント」，「職務内容」を「その他（当社社長のアシスタント業務）」と記載したため，「アシスタントとして社長の事務作業を手伝うだけなら「技術・人文知識・国際業務」の活動に該当しない」として不許可になったものがあります。本件において実際に申請人が行う予定になっていた業務は，社長が経営計画を策定するために必要な情報収集と資料作成で，所属機関の地方出店エリアの市場調査や新店舗の収支予測を中心とする業務であり，文句なく「技術・人文知識・国際業務」の活動に該当するものでした。しかし，申請書上，漫然と「アシスタント」としか記載しなかったため不許可という結果を招いてしまいました。このような場合，申請書上の「職務上の地位」は「市場調査担当者」等とし，「職務内容」を「企画事務（マーケティング・リサーチ）」及び「その他（収支予測）」等とすべきでした。

　また，申請書の「最終学歴」「専攻・専門分野」「職歴」の欄では，申請人が基準省令上必要な学歴・職歴を有することを示す必要があります（基準適合性）。

　「技術・人文知識・国際業務」の申請においては，「最終学歴」が大卒相当で「専攻・専門分野」が所属機関での職務内容に関連するものであることが必要であることは，少しでも入管業務について勉強したことがある方ならどなたでもご存知かと思います。

注意が必要なのは，学歴ではなく職歴で基準適合性を示す必要がある事案です。例えば，高校卒業後すぐに技術者として働き始めて10年以上経過した申請人が「技術・人文知識・国際業務」を申請する事案では，申請書の「職歴」欄において申請人が過去10年以上技術者として働いた経験があることを明確に示す必要があります。そこで，各職歴の「入社」から「退社」までの期間を合算した際に，職歴が合計10年以上になっていることをしっかりと計算して確認してください。これが，所属機関がカテゴリー3又はカテゴリー4に該当するときは，申請書以外に申請人の履歴書や，過去の雇用主発行の在職証明書を提出するため，申請書の「職歴」欄の記載が十分でなくても不許可にはならないでしょう。しかし，所属機関がカテゴリー1又はカテゴリー2であるときは添付資料がないのですから，申請書の「職歴」欄が10年以上の職歴を示す唯一の資料になります。たとえ申請人が実際に10年以上の技術者としての経験を有していたとしても，申請書の「職歴」欄に10年未満の職歴しか載っていなければ不許可になる危険性が大きいです。

☑ Point

　所属機関がカテゴリー1又はカテゴリー2に該当する場合は，申請書の記載だけで在留資格該当性・基準適合性等を明確に示すことが必要。

　申請書の記載においては，まず，申請人の「氏名」のスペルが旅券上の氏名のスペルに一致しているか必ずチェックしてください。

　とりわけ在留資格認定証明書交付申請の際には，申請書に記載した氏名のスペルが間違っていると，在留資格認定証明書上の氏名もその間違ったスペルのままで交付されてしまうことがあります。このように氏名のスペルが旅券のスペルと異なる在留資格認定証明書を在外日本大使館・領事館に提示しても，査証申請人と在留資格認定証明書の発行を受けた者の同一性に疑義があるため査証が発給されない可能性が高いです。

　一般的に，地方出入国在留管理局側のミスで在留資格認定証明書上の氏名その他の記載が，申請書上の記載と異なる形で交付されてしまった場合，その在留資格認定証明書を持参すれば地方出入国在留管理局側で即日訂正をしてくれ

ます。これに対して，申請書の記載が間違っており，その間違った申請書の記載のとおりに同証明書が交付された場合には，地方出入国在留管理局側が訂正してくれるとは限らず，在留資格認定証明書交付申請を最初からやり直すことになりかねません。

　つまり，在留資格認定証明書交付申請の申請内容は申請書の記載で判断されますので，たとえ申請人の旅券の写しを添付して申請していても，申請書に記載したとおりのスペルで在留資格認定証明書が交付されることについては地方出入国在留管理局の落ち度ではなく，行政書士の落ち度となってしまいます。

　行政書士のスペルミスで，在留資格認定証明書交付申請の申請をやり直すことになると，申請人の日本における就労開始に著しい遅延が生じてクライアントを失うことになりかねません。そこで，申請書の中でも，在留資格認定証明書に移記され，査証申請の際に申請人の旅券と突き合わせてチェックされる事項（すなわち，申請人の氏名，性別，生年月日，国籍）には特に注意を払うようにしてください。

✅ Point

　申請書の氏名のスペル，性別，生年月日，国籍が旅券と一致しているか必ずチェックする。

　以下に，「技術・人文知識・国際業務」の在留資格認定証明書交付申請書，在留資格変更許可申請書，在留期間更新許可申請書のサンプルを掲載しています。
　申請書を作成する際の前提として，以下の点に注意してください。

申請書を作成するにあたり
1.　原則，申請書に特段の指示がある場合を除いて，空欄がないように全ての項目を記入する。
　　該当する情報がない場合には，「無し」若しくは「該当無し」と記入する。
2.　申請書の記入・署名には黒又は青のボールペンを使用する。消えるボールペンは使用不可。また，修正テープ等での訂正は認められていない。
3.　日付を記入する際は，日本の元号は使用せずに西暦を使って数字を記入す

る。

（2）在留資格認定証明書交付申請書サンプル

> アメリカにいる David は，日本の会社で働くために在留資格が必要です。
>
> 就労先で行おうとする活動は，「技術・人文知識・国際業務」に該当するため，同在留資格の「在留資格認定証明書交付申請書」を作成します。

在留資格認定証明書交付申請書（技術・人文知識・国際業務）書き方のポイント

申請人等作成用 1

Ａ 写真

縦 4cm×横 3cm。無帽。無背景・3ヶ月以内に正面から撮影された鮮明なものに限る。無修正のもの（携帯のアプリ等で加工した写真は受け付けられません）。

1. 国籍・地域

基本的には，国名を記入する。但し，地域とあるため，台湾の場合には，「台湾」と記入しても問題ない。二重国籍者は，日本に在留するための国籍を一つ選択する。日本に入国する際に，その国籍の旅券を使用して入国する。

3. 氏名

旅券の ID ページに正式に記載されているとおりに氏名を記入する。

5. 出生地

基本的に，申請人の出生した国名，都市名を記入する。なお，旅券の ID ページに出生地の記載がある場合には，それに記載されている情報と相違がないように記入する。

6. 配偶者の有無

申請時点において，申請人が正式に法律婚をしている場合には，「有」に丸をつける。

「技術・人文知識・国際業務」在留資格認定証明書交付申請書サンプル
申請人等作成用１

別記第六号の三様式（第六条の二関係）
申請人等作成用 1
For applicant, part 1

日本国政府法務省
Ministry of Justice, Government of Japan

在 留 資 格 認 定 証 明 書 交 付 申 請 書
APPLICATION FOR CERTIFICATE OF ELIGIBILITY

法 務 大 臣 殿
To the Minister of Justice

Ａ

写 真
Photo
40mm × 30mm

出入国管理及び難民認定法第7条の2の規定に基づき，次のとおり同法第7条第1項第2号に
掲げる条件に適合している旨の証明書の交付を申請します。
Pursuant to the provisions of Article 7-2 of the Immigration Control and Refugee Recognition Act, I hereby apply for the certificate showing eligibility for the conditions provided for in 7, Paragraph 1, Item 2 of the said Act.

1 国 籍・地 域　アメリカ合衆国
Nationality/Region

2 生 年 月 日　1980 年 Year　5 月 Month　5 日 Day
Date of birth

3 氏 名　ILS, David
Name

Family name　Given name

4 性 別　(男)・女
Sex　Male / Female

5 出生地　New York, U.S.A.
Place of birth

6 配偶者の有無　(有)・無
Marital status　Married / Single

7 職 業　会社員
Occupation

8 本国における居住地　New York, U.S.A.
Home town/city

9 日本における連絡先　東京都港区赤坂〇丁目〇〇番地〇〇号
Address in Japan

電話番号　03-1234-5678
Telephone No.

携帯電話番号　無し
Cellular phone No.

10 旅券　(1)番 号　12345678
Passport　Number

(2)有効期限　2025 年 Year　12 月 Month　25 日 Day
Date of expiration

11 入国目的（次のいずれか該当するものを選んでください。）　Purpose of entry: check one of the followings

- □ Ｉ「教授」 Professor
- □ Ｉ「教育」 Instructor
- □ Ｊ「芸術」 Artist
- □ Ｊ「文化活動」 Cultural Activities
- □ Ｋ「宗教」 Religious Activities
- □ Ｋ「報道」 Journalist
- □ Ｌ「企業内転勤」 Intra-company Transferee
- □ Ｌ「研究（転勤）」 Researcher (Transferee)
- □ Ｍ「経営・管理」 Business Manager
- □ Ｎ「研究」 Researcher
- ■ Ｎ「技術・人文知識・国際業務」 Engineer / Specialist in Humanities / International Services
- □ Ｎ「介護」 Nursing Care
- □ Ｎ「技能」 Skilled Labor
- □ Ｎ「特定活動（研究活動等）」 Designated Activities (Researcher or IT engineer of a designated org)
- □ Ｎ「特定活動（本邦大学卒業者）」 Designated Activities (Graduate from a university in Japan)
- □ Ｖ「特定技能（1号）」 Specified Skilled Worker (ⅰ)
- □ Ｖ「特定技能（2号）」 Specified Skilled Worker (ⅱ)
- □ Ｏ「興行」 Entertainer
- □ Ｐ「留学」 Student
- □ Ｑ「研修」 Trainee
- □ Ｙ「技能実習（1号）」 Technical Intern Training (ⅰ)
- □ Ｙ「技能実習（2号）」 Technical Intern Training (ⅱ)
- □ Ｙ「技能実習（3号）」 Technical Intern Training (ⅲ)
- □ Ｙ「家族滞在」 Dependent
- □ Ｒ「特定活動（研究活動等家族）」 Designated Activities (Dependent of Researcher or IT engineer of a designated org)
- □ Ｒ「特定活動（EPA家族）」 Designated Activities(Dependent of EPA)
- □ Ｒ「特定活動（本邦大卒者家族）」 Designated Activities(Dependent of Graduate from a university in Japan)
- □ Ｔ「日本人の配偶者等」 Spouse or Child of Japanese National
- □ Ｔ「永住者の配偶者等」 Spouse or Child of Permanent Resident
- □ Ｔ「定住者」 Long Term Resident
- □ 「高度専門職（1号イ）」 Highly Skilled Professional(i)(a)
- □ 「高度専門職（1号ロ）」 Highly Skilled Professional(i)(b)
- □ 「高度専門職（1号ハ）」 Highly Skilled Professional(i)(c)
- □ Ｕ「その他」 Others

12 入国予定年月日　2021 年 Year　12 月 Month　1 日 Day
Date of entry

13 上陸予定港　成田国際空港
Port of entry

14 滞在予定期間　5年
Intended length of stay

15 同伴者の有無　(有)・無
Accompanying persons, if any　Yes / No

16 査証申請予定地　ニューヨーク
Intended place to apply for visa

17 過去の出入国歴　(有)・無
Past entry into / departure from Japan　Yes / No

（上記で「有」を選択した場合）
(Fill in the followings when the answer is "Yes")

回数　5 回
time(s)

直近の出入国歴　2019 年 Year 4 月 Month 1 日 Day から 2019 年 Year 4 月 Month 15 日 Day
The latest entry from　to

18 過去の在留資格認定証明書交付申請歴　(有)・無
Past history of applying for a certificate of eligibility　Yes / No

（上記で「有」を選択した場合）
(Fill in the followings when the answer is "Yes")

回数　1 回
time(s)

（うち不交付となった回数）　0 回
(Indicate the applications, the number of times of non-issuance)　time(s)

19 犯罪を理由とする処分を受けたことの有無（日本国外におけるものを含む。）※交通違反等による処分を含む。
Criminal record (in Japan / overseas)※Including dispositions due to traffic violations, etc.

有（具体的内容　　　　　　　　　　　　　）・(無)
有（Detail　　　　　　　　　　　　　）・No

20 退去強制又は出国命令による出国の有無　有・(無)
Departure by deportation /departure order　Yes / No

（上記で「有」を選択した場合）
(Fill in the followings when the answer is "Yes")

回数　回
time(s)

直近の送還歴　年 Year 月 Month 日 Day
The latest departure by deportation

21 在日親族（父・母・配偶者・子・兄弟姉妹・祖父母・叔（伯）父・叔（伯）母など）及び同居者
Family in Japan (father, mother, spouse, children, siblings,grandparents, uncle, aunt or others) and cohabitants

有（「有」の場合は，以下の欄に在日親族及び同居者を記入してください。）・(無)
Yes (If yes, please fill in your family members in Japan and co-residents in the following columns.)　/ No

続 柄 Relationship	氏 名 Name	生年月日 Date of birth	国 籍・地 域 Nationality/Region	同居予定の有無 Intended to reside with applicant or not	勤務先名称・通学先名称 Place of employment/school	在留カード番号 特別永住者証明書番号 Residence card number Special Permanent Resident Certificate number
	無し			有・無 Yes / No		
				有・無 Yes / No		
				有・無 Yes / No		
				有・無 Yes / No		

※ 3について，有効な旅券を所持する場合は，旅券の身分事項ページのとおりに記載してください。
Regarding item 3, if you possess your valid passport, please fill in your name as shown in the passport.

21については，記載欄が不足する場合は別紙に記入し，「研修」，「技能実習」に係る申請の場合は，「在日親族」のみ記載してください。
Regarding item 21, if there is not enough space to fill the answer in this form in Japan, fill in and attach a separate sheet.
In addition, note that you are only required to fill in your family members in Japan for applications pertaining to "Trainee" or "Technical Intern Training".

（注）裏面参照の上，申請に必要な書類を作成して下さい。
Note : Please fill in forms required for application. (See notes on reverse side.)

（注）申請書に事実に反する記載をしたことが判明した場合には，不利益な扱いを受けることがあります。
Note : In case of to be found that you have misrepresented the facts in an application, you will be unfavorably treated in the process.

申請人等作成用 2　　N　(「高度専門職（1号イ・ロ）」・「研究」・「技術・人文知識・国際業務」・「介護」・
「技能」・「特定活動（研究活動等）、(本邦大学卒業者)」)

For applicant, part 2 N ("Highly Skilled Professional(i)(a/b)" / "Researcher" / "Engineer" / Specialist in Humanities / International Services * /
"Nursing Care" / "Skilled Labor" /"Designated Activities(Researcher or IT engineer of a designated organization), (Graduate from a university in Japan)")

在留資格認定証明書用
For certificate of eligibility

22	勤務先 Place of employment	※ (2)及び(3)については、主たる勤務場所の所在地及び電話番号を記載すること。 For sub-items (2) and (3), give the address and telephone number of your principal place of employment.		
	(1)名称 Name	ABC株式会社	支店・事業所名 Name of branch	本社
	(2)所在地 Address	東京都港区赤坂○丁目○○番地○○号	(3)電話番号 Telephone No.	03-1234-5678

23 最終学歴（介護業務従事者の場合は本邦の介護福祉士養成施設について記入）
Education (if you engage in activities of nursing care or teaching nursing care, fill in details about the certified care worker training facility in Japan)
(1) □　本邦　　■　外国
　　　　Japan　　　foreign country
(2) □　大学院（博士）　　□　大学院（修士）　　■　大学　　□　短期大学　　□　専門学校
　　　　Doctor　　　　　　　Master　　　　　　　Bachelor　　　Junior college　　College of technology
　　□　高等学校　　□　中学校　　□　その他（　　　　　　　　　）
　　　　Senior high school　Junior high school　　Others
(3)学校名　　University of ILS　　(4)卒業年月日　　2003 年　3 月　31 日
Name of school　　　　　　　　Date of graduation　　Year　Month　Day

24 専攻・専門分野　　Major field of study
(23で大学院（博士）～短期大学の場合)　　(Check one of the followings when the answer to the question 23 is from doctor to junior college)
□　法学　　　　　　□　経済学　　　　□　政治学　　　□　商学　　　　□　経営学　　　　　□　文学
　　Law　　　　　　　　Economics　　　　Politics　　　Commercial science　Business administration　Literature
□　語学　　　　　　□　社会学　　　　□　歴史学　　　□　心理学　　　□　教育学　　　　　□　芸術学
　　Linguistics　　　　Sociology　　　　History　　　Psychology　　Education　　　　Science of art
□　その他人文・社会科学（　　　　　　　　　）　□　理学　　　　□　化学　　　　　■　工学
　　Others(cultural / social science)　　　　　　Science　　　Chemistry　　　Engineering
□　農学　　　　　　□　水産学　　　　□　薬学　　　　□　医学　　　　□　歯学
　　Agriculture　　　　Fisheries　　　　Pharmacy　　　Medicine　　　Dentistry
□　その他自然科学（　　　　　　　　　）□　体育学　　　□　介護福祉　　　□　その他（　　　　　　）
　　Others(natural science)　　　　　　Sports science　Nursing care and welfare　Others
(23で専門学校の場合)　　(Check one of the followings when the answer to question 23 is college of technology)
□　工業　　　　　　□　農業　　　　□　医療・衛生　　　　　　□　教育・社会福祉　　　□　法律
　　Engineering　　　　Agriculture　　Medical services / Hygienics　Education / Social welfare　Law
□　商業実務　　　　□　服飾・家政　　□　文化・教養　　□　介護福祉　　　□　その他（　　　　　）
　　Practical commercial business　Dress design / Home economics　Culture / Education　Nursing care and welfare　Others

25 情報処理技術者資格又は試験合格の有無（情報処理業務従事者のみ記入）　　　　　　　　　有 ／ 無
Does the applicant have any qualifications for information processing or has he / she passed the certifying examination?　　Yes / No
(when the applicant is engaged in information processing)
(資格名又は試験名)
(Name of the qualification or certifying examination)

26 職　歴　　（外国におけるものを含む）　　Work experience (including those in a foreign country)

入社		退社			入社		退社		
Date of joining the company		Date of leaving the company		勤務先名称 Place of employment	Date of joining the company		Date of leaving the company		勤務先名称 Place of employment
年 Year	月 Month	年 Year	月 Month		年 Year	月 Month	年 Year	月 Month	
2005	4	Present		ABC UK Limted					
2003	4	2005	3	DEF Company Limted					

27 申請人、法定代理人、法第7条の2第2項に規定する代理人
(Applicant, legal representative or the authorized representative, prescribed in Paragraph 2 of Article 7-2.)
(1)氏　名　　山田太郎　　(2)本人との関係　　招へい機関代表者
　　　Name　　　　　　　　　　Relationship with the applicant
(3)住　所　　東京都港区赤坂○丁目○○番地○○号
　　　Address
　　電話番号　　03-1234-5678　　携帯電話番号　　無し
　　Telephone No.　　　　　　　Cellular Phone No.

以上の記載内容は事実と相違ありません。　　I hereby declare that the statement given above is true and correct.
申請人（代理人）の署名／申請書作成年月日　　Signature of the applicant (representative) / Date of filling in this form

B		年 Year	月 Month	日 Day

注　意　　申請書作成後申請までに記載内容に変更が生じた場合，申請人（代理人）が変更箇所を訂正し，署名すること。
　　　　　申請書作成年月日は申請人（代理人）が自署すること。
Attention　In cases where descriptions have changed after filling in this application form up until submission of this application, the applicant (representative) must correct the part concerned
and sign their name.
The date of preparation of the application form must be written by the applicant (representative).

※ 取次者　　Agent or other authorized person
(1)氏　名　　飯田哲也　　(2)住　所　　東京都港区赤坂2丁目23番地1号
　　Name　　　　　　　　　　Address
(3)所属機関等　　Organization to which the agent belongs　　電話番号　Telephone No.
C　　　行政書士飯田哲也事務所　　　　　　　　　　　　03-6441-2423

「技術・人文知識・国際業務」在留資格認定証明書交付申請書サンプル
所属機関等作成用 1

所属機関等作成用 1　N　（「高度専門職（1号イ・ロ）」・「研究」・「技術・人文知識・国際業務」・「介護」・
「技能」・「特定活動（研究活動等），(本邦大学卒業者）」）
For organization, part 1 N ("Highly Skilled Professional(i)(a/b)" / "Researcher" / "Engineer / Specialist in Humanities / International Services" /
"Nursing Care" / "Skilled Labor" / "Designated Activities(Researcher or IT engineer of a designated organization), (Graduate from a university in Japan)")

在留資格認定証明書用
For certificate of eligibility

1　契約又は招へいする外国人の氏名 　　　　　　　　　　ILS, David
　　Name of foreign national being offered a contract or invitation

2　契約の形態　　■ 雇用　　　□ 委任　　　□ 請負　　　□ その他（　　　　　　　　　）
　　Type of contract　　Employment　　Entrustment　　Service contract　　Others

3　所属機関等契約先　　The contracting organization such as the organization of affiliation
　　※(1), (3), (4), (6)及び(9)については、主に勤務させる場所について記載すること。
　　　For sub-items (1),(3),(4),(6) and (9),fill in the information of principal place of employment where foreign national is to work.
　　※国・地方公共団体、独立行政法人、公益財団・社団法人その他非営利法人の場合は(7)及び(8)の記載は不要。
　　　In cases of a national or local government, incorporated administrative agency, public interest incorporated association or foundation or some other nonprofit corporation, you are not required to fill in sub-items (7) and (8).

　　(1)名称　　　　　　　　　　　　　　　　　　　　(2)法人番号（13桁）　Corporation no. (combination of 13 numbers and letters)
　　　　Name　　　ABC株式会社　　　　　　　　　　　　| 1 | 2 | 3 | 4 | 5 | 6 | 7 | 8 | 9 | 1 | 0 | 1 | 1 |

　　(3)支店・事業所名　　　　　　　　　　　　　　　(4)雇用保険適用事業所番号（11桁）※非該当事業所は記入省略
　　　　Name of branch　　　　本社　　　　　　　　　　Employment insurance application office number (11 digits) *If not applicable, it should be omitted.
　　　　　　　　　　　　　　　　　　　　　　　　　　| 9 | 8 | 7 | 6 | - | 5 | 4 | 3 | 2 | 1 | 0 | - | 0 |

　　(5)業種　　Business type
　　　　○主たる業種を別紙「業種一覧」から選択して番号を記入（1つのみ）　　　　　　　　　　　　　　　11
　　　　　Select the main business type from the attached sheet "a list of business type " and write the corresponding number (select only one)
　　　　○他に業種があれば別紙「業種一覧」から選択して番号を記入（複数選択可）　　　　　　　　　　　N/A
　　　　　If there are another other business types, select from the attached sheet "a list of business type " and write the corresponding number　(multiple answers possible)

　　(6)所在地　　　　　　　　　　　　　　　　　　　　　　　電話番号
　　　　Address　　東京都港区赤坂○丁目○○番地○○号　　Telephone No.　　03-1234-5678

　　(7)資本金　　　5,000万　　　　　円　　(8)年間売上高（直近年度）　　　　10億　　　　円
　　　　Capital　　　　　　　　　　　　　Yen　　Annual sales (latest year)　　　　　　　　　　Yen

　　(9)従業員数　　　　300　　　　名
　　　　Number of employees

　　　　うち外国人職員数　　　45　　　名　　（このうち技能実習生）　　　　　　　　0　　　名
　　　　Of which number, the number of foreign staff　　　　Of which number, technical intern trainees

4　就労予定期間　　■ 定めなし　□ 定めあり　（期間　　年　　月）　5　雇用開始（入社）年月日
　　Period of work　　Non-fixed　　Fixed　　Period　　Year　　Month　　The start date of employment (entering a company)
　　　　　　　　　　　　　　　　　　　　　　　　　　　　　　2021 年　12 月　1 日
　　　　　　　　　　　　　　　　　　　　　　　　　　　　　　Year　Month　Day

6　給与・報酬（税引き前の支払額）　　※ 各種手当（通勤・住宅・扶養等）・実費弁償の性格を有するものを除く。
　　Salary/Reward (amount of payment before taxes)　　Excludes various types of allowances (commuting,housing,dependents,etc.) and personal expenses.
　　　　6,000,000　　　　円（■ 年額　□ 月額　）
　　　　　　　　　　　　　Yen　　Annual　　Monthly

7　実務経験年数　　　　18　　年　8　職務上の地位（役職名）
　　Business experience　　　　　　　　　　Position(Title)　　□ あり（　　　　　　　）　■ なし
　　　　　　　　　　　　　　　　　　　　　　　　　　　　　　Yes　　　　　　　　　　No

9　職種　　Occupation
　　○主たる職種を別紙「職種一覧」から選択して番号を記入（1つのみ）　　　　　　　　　　　　　　6
　　　Select the main type of work from the attached sheet "a list of occupation ", and fill in the number (select only one)
　　○「技術・人文知識・国際業務」・「高度専門職」又は「特定活動」での入国を希望　　　　　　　　N/A
　　　する場合で、他に職種があれば別紙「職種一覧」から選択して番号を記入（複数選択可）
　　　If the applicant wishes to enter Japan with the status of residence of "Engineer / Specialist in Humanities / International Services", "Highly Skilled Professional" or "Designated Activities",and will also engage in other occupation, select from the attached sheet "a list of occupation " and write the corresponding number (multiple answers possible)

　　(注意)　Attention
　　・「研究」での入国を希望する場合は，別紙「職種一覧」の3,42～44,999から選択してください。
　　　Those who wish to enter Japan for "Researcher" should select from 3, 42 to 44 and 999 on the attached "a list of occupation".
　　・「技術・人文知識・国際業務」での入国を希望する場合は，別紙「職種一覧」の2～18,24～31,51～54,999から選択してください。
　　　Those who wish to enter Japan with "Engineer / Specialist in Humanities / International Services" should select from 2 to 18, from 24 to 31, from 51 to 54 and 999 on the attached "a list of occupation".
　　・「技能」での入国を希望する場合は，別紙「職種一覧」の32～40,999から選択してください。
　　　Those who wish to enter Japan with "Skilled Labor" should select from 32 to 40 and 999 on the attached "a list of occupation".
　　・「介護」での入国を希望する場合は，別紙「職種一覧」の「41 介護福祉士」を選択してください。
　　　Those who wish to enter Japan with "Nursing Care" should select from "41.Certified care worker" on the attached "a list of occupation".
　　・「特定活動」（特定研究等活動（告示36号）及び特定情報処理活動（告示37号））での入国を希望する場合は，
　　　別紙「職種一覧」の12,42～44,999から選択してください。
　　　Those who wish to enter Japan with "Designated Activities" (Designated Academic Research Activities (Public Notice No. 36) or Designated Information Processing Activities (Public Notice No. 37)) should select from 12, 42 to 44 and 999 on the attached "a list of occupation".
　　・「特定活動」（本邦大学卒業者・告示46号）での入国を希望する場合は，別紙「職種一覧」の2,4～18,24～31,51～54,999から選択してください。
　　　Those who wish to enter Japan with "Designated Activities"(Graduated from a university in Japan) should select from 2,4 to 18,from 24 to 31, from 51 to 54 and 999 on the attached "a list of occupation".
　　・「高度専門職」での入国を希望する場合は，別紙「職種一覧」の2～18,24～44,999から主たる職務内容として選択した上で，併せて関連する事業を
　　　自ら経営する活動を行う場合，他の職種として「1 経営」を選択してください。
　　　Those who wish to enter Japan to "Highly Skilled Professional" should select from 2 to 18 and 24 to 44 and 999 on the attached "List of Job Types" as the main contents of their duties and concurrently select "1 Business Management" as another job type if they carry out activities to operate a related business themselves.

10　活動内容詳細　Details of activities
　　　　当社にて製造される自動車の安全性の向上及び排出ガスの削減に係わる技術開発業務

「技術・人文知識・国際業務」在留資格認定証明書交付申請書サンプル
所属機関等作成用２

所属機関等作成用２　　N （「高度専門職（１号イ・ロ）」・「研究」・「技術・人文知識・国際業務」・「介護」・
「技能」・「特定活動（研究活動等）,（本邦大学卒業者）」）

For organization, part 2 N ("Highly Skilled Professional(i)(a/b)" / "Researcher" / "Engineer / Specialist in Humanities / International Services " /
Nursing Care / "Skilled Labor" / "Designated Activities(Researcher or IT engineer of a designated organization), (Graduate from a university in Japan)")

在留資格認定証明書用
For certificate of eligibility

11　派遣先等（人材派遣の場合又は勤務地が3と異なる場合に記入）
Dispatch site (Fill in the following if your answer to question 3-(4) is "Dispatch of personnel" or if the place of employment differs from that given in 3)

(1)名称　Name

(2)法人番号（13桁）　Corporation no. (combination of 13 numbers and letters)

(3)支店・事業所名　Name of branch

(4)雇用保険適用事業所番号(11桁)※非該当事業所は記入省略
Employment insurance application office number (11 digits) *If not applicable, it should be omitted.

□□□□ － □□□□□□ － □

(5)業種　Business type
- ○ 主たる業種を別紙「業種一覧」から選択して番号を記入（１つのみ）
  Select the main business type from the attached sheet "a list of business type " and write the corresponding number (select only one)
- ○ 他に業種があれば別紙「業種一覧」から選択して番号を記入（複数選択可）
  If there are other business types, select from-the attached sheet "a list of business type " and write the corresponding number (multiple answers possible)

(6)所在地　Address

電話番号　Telephone No.

(7)資本金　Capital　　　　　円　Yen

(8)年間売上高（直近年度）
Annual sales (latest year)　　　　円　Yen

(9)派遣予定期間
Period of dispatch

D 以上の記載内容は事実と相違ありません。　I hereby declare that the statement given above is true and correct.
所属機関等契約先の名称，代表者氏名の記名／申請書作成年月日
Name of the contracting organization such as the organization of affiliation and representative of the organization ／ Date of filling in this form

ABC株式会社
代表取締役社長　山田太郎

2021 年 Year　10 月 Month　1 日 Day

注意　Attention
申請書作成後申請までに記載内容に変更が生じた場合，所属機関等が変更箇所を訂正すること。
In cases where descriptions have changed after filling in this application form up until submission of this application, the organization must
correct the changed part .

※ 所属機関等作成用2の申請書は，11に該当しない場合でも，提出してください。
Note : Please submit this sheet, even if you are not required to fill in item 11.

7．職業

申請時点においての申請人の職業を記入する。該当がなければ「無し」と記入する

8．本国における居住地

基本的に，申請人の国籍のある国における居住地（国名，都市名），若しくは生まれ育った国の居住地（国名，都市名）を記入する。本国に居住地がない場合には現在の居住地を記入する。

9．日本における連絡先（住所，電話番号）

所属機関の所在地及び電話番号を記入する。携帯電話番号は，該当がなければ「無し」と記入する。

10．旅券

基本的に申請人の旅券の ID ページの通常右上に記載されている旅券番号を記入する。また，有効期限は旅券の有効期限を記入する。

12．入国予定年月日／13．上陸予定港

現時点での入国予定日／入国予定港を記入する。あくまで予定のため，変更も想定されている。但し，予定日に関しては過去の日付での申請は受け付けられない。

14．滞在予定期間

今回，申請人が日本に滞在する予定の滞在期間を記入する。基本的に，日本で就労する予定の期間に合わせるようにする。

15．同伴者の有無

同伴者は帯同する家族ではなく，実際に一緒に空港に到着する同伴者について記入する。「有」の場合には，申請人との関係（続柄等）を記入する。

例）妻，子 1 名

16．査証申請予定地

在留資格認定証明書が発行された後，査証申請をする在外公館がある国の都市名（基本的に，国籍国又は居住権のある国の都市）を記入することになる。

17．過去の出入国歴

過去の出入国歴を確認し，記入する。直近の出入国歴は，最後に日本に出入国した期間を記入する。現在日本に滞在中の場合には，今回の滞在に係る入国

日を左側の年月日欄に記入し，右側の年月日欄には滞在中と記入する。

18. 過去の在留資格認定証明書交付申請歴

申請人が過去に在留資格認定証明書交付申請を行ったことがある場合には回数を記入する。また，不交付となったことがある場合には，不交付の回数も記入する。

19. 犯罪を理由とする処分を受けたことの有無（日本国外におけるものを含む）

基本的に，申請人が国内外で禁錮，懲役，罰金等の処分を受けた場合に記入する。※交通違反等による処分を含む。

20. 退去強制又は出国命令による出国の有無

申請人が過去に日本において出入国在留管理庁より退去強制されたこと又は出国命令を受けて出国したことがある場合に記入する。

21. 在日親族（父・母・配偶者・子・兄弟姉妹・祖父母・叔（伯）父・叔（伯）母など）及び同居者

申請時点において，申請人に日本に居住している親族がいる場合，又は同居予定者がいる場合に記入する。

申請人等作成用2

22. 勤務先（名称，支店・事業所名，所在地，電話番号）

申請人の所属機関の正式名称，所在地及び電話番号を記入する。支店・事業所名については，申請人の実際の勤務地を記入する。本社の場合には「本社」，支店・事業所の場合には「○○支店」，「○○事業所」と記入する。

23. 最終学歴（介護業務従事者の場合は本邦の介護福祉士養成施設について記入）

該当する学歴にチェックをつけ，正式な学校名，卒業年月日を記入する。

24. 専攻・専門分野（23で大学院（博士）～短期大学の場合）

申請人が専攻した科目又は専門分野にチェックをつける。

25. 情報処理技術者資格又は試験合格の有無（情報処理業務従事者のみ記入）

法務大臣が特例告示をもって定める「情報処理技術」に関する試験又は資格の合格証書又は資格証書がある場合に「有」に丸をつけて，資格名又は試験名を記入する。

26. 職歴（外国におけるものを含む）

正確に申請人の過去の職歴を記入する。アルバイト・インターンは基本的に含めない。記載内容が多い場合には，「別紙の通り」と記入の上，履歴書を添付する。

27. 申請人，法定代理人，法第7条の2第2項に規定する代理人

本人又は所属機関の代表者若しくは本申請に係る担当者の情報（氏名，申請人本人との関係，住所，電話番号，携帯電話番号）を記入する。

B　申請人（代理人）の署名／申請書作成年月日

27で記入した本人又は代理人が署名し，日付を記入する。署名者は申請時，日本に滞在していることが必要となる。

C　取次者

申請取次行政書士の情報を記入する。

所属機関等作成用1
4. 就労予定期間／6. 給与・報酬（税引き前の支払額）

申請人と申請人の所属機関との契約に基づき記入する。期間の定めのない契約の場合には，「就労予定期間」の箇所の「定めなし」にチェックをつける。

所属機関等作成用2
11. 派遣先等（人材派遣の場合又は勤務地が3と異なる場合に記入）

申請人が派遣社員の場合に記入する。

D　所属機関等契約先の名称，代表者氏名の記名／申請書作成年月日

基本的に所属機関の代表者の肩書きと氏名を記入の上，日付を記入する。但し，所属機関が大企業（カテゴリー2以上の企業）の場合には，部門長以上の者の肩書きと氏名を記入の上，日付を記入する形でも受けつけられる。

（3）在留資格変更許可申請書サンプル

　日本に「留学（又は家族滞在）」の資格をもって在留している Anne は，日本の会社で働くことになり，在留資格を変更しなければなりません。

　就労先では，「技術・人文知識・国際業務」に該当する活動を行うことになります。

在留資格変更許可申請書（留学／家族滞在から技術・人文知識・国際業務への変更）書き方のポイント

　在留資格変更許可申請書の書き方のポイントは以下のとおりです。記述のない項目に関しては，在留資格認定証明書交付申請書の書き方を参考にしてください。

申請人等作成用 1

11. 現に有する在留資格（在留資格，在留期間，在留期間の満了日）

　申請人の現在有効な在留カードに記載されている在留資格，在留期間，在留期間の満了日を記入する。

12. 在留カード番号

　申請人の現在有効な在留カードの番号を記入する。

13. 希望する在留資格／期間

　申請人が希望する在留資格及び在留期間を記入する。但し，必ずしも希望通りの在留期間が付与されるとは限らないことを留意する。

14. 変更の理由

　変更申請が必要な理由を記入する。

　例）ABC 株式会社にて就労を開始する為

「技術・人文知識・国際業務」在留資格変更許可申請書サンプル
申請人等作成用 1

別記第三十号様式（第二十条関係）
申請人等作成用 1
For applicant, part 1

日本国政府法務省
Ministry of Justice,Government of Japan

在 留 資 格 変 更 許 可 申 請 書
APPLICATION FOR CHANGE OF STATUS OF RESIDENCE

A
写 真
Photo
40mm × 30mm

法 務 大 臣 殿
To the Minister of Justice

出入国管理及び難民認定法第20条第2項の規定に基づき、次のとおり在留資格の変更を申請します。
Pursuant to the provisions of Paragraph 2 of Article 20 of the Immigration Control and Refugee Recognition Act,
I hereby apply for a change of status of residence.

1 国 籍・地 域 Nationality/Region　アメリカ合衆国
2 生年月日 Date of birth　1980 年Year 7 月Month 7 日Day

3 氏 名 Name　ILS,（Family name）　Anne Laura（Given name）

4 性 別 Sex　男・⼥ Male/Female
5 出生地 Place of birth　New York, U.S.A.
6 配偶者の有無 Marital status　㈲・無 Married / Single

7 職 業 Occupation　学生（留学生の場合）無し（家族滞在の場合）
8 本国における居住地 Home town/city　New York, U.S.A.

9 住居地 Address in Japan　東京都港区赤坂〇丁目〇〇番地〇〇号

電話番号 Telephone No.　無し
携帯電話番号 Cellular phone No.　090-1234-5678

10 旅券 Passport　(1)番 号 Number　12345678
(2)有効期限 Date of expiration　2025 年Year 12 月Month 25 日Day

11 現に有する在留資格 Status of residence　留学（留学生の場合）家族滞在（家族の場合）
在留期間 Period of stay　3年

在留期間の満了日 Date of expiration　2022 年Year 12 月Month 15 日Day

12 在留カード番号 Residence card number　△△12345678△△

13 希望する在留資格 Desired status of residence　技術・人文知識・国際業務

在留期間 Period of stay　5年
（審査の結果によって希望の期間とならない場合があります。）
(It may not be as desired after examination.)

14 変更の理由 Reason for change of status of residence　ABC合同会社にて就労を開始するため

15 犯罪を理由とする処分を受けたことの有無（日本国外におけるものを含む。）※交通違反等による処分を含む。
Criminal record (in Japan / overseas)※Including dispositions due to traffic violations, etc.
有（具体的内容 Yes (Detail:　）・無) / No

16 在日親族（父・母・配偶者・子・兄弟姉妹・祖父母・叔(伯)父・叔(伯)母など）及び同居者
Family in Japan (father, mother, spouse, children, siblings,grandparents, uncle, aunt or others) and cohabitants
㈲「「有」の場合は、以下の欄に在日親族及び同居者を記入してください。）・無
Yes (If yes, please fill in your family members in Japan in the following columns) / No

続 柄 Relationship	氏 名 Name	生年月日 Date of birth	国 籍・地 域 Nationality/Region	同居の有無 Residing with applicant or not	勤務先名称・通学先名称 Place of employment/ school	在 留 カ ー ド 番 号 特別永住者証明書番号 Residence card number Special Permanent Resident Certificate number
配偶者	ILS, David	1980/5/5	アメリカ合衆国	㈲・無 Yes / No	ABC株式会社	△△22345678△△
子	ILS, Lynn	2015/3/3	アメリカ合衆国	㈲・無 Yes / No	DEF保育園	△△32345678△△
				有・無 Yes / No		
				有・無 Yes / No		
				有・無 Yes / No		
				有・無 Yes / No		

※ 3について、有効な旅券を所持する場合は、旅券の身分事項ページのとおりに記載してください。
Regarding item 3, if you possess your valid passport, please fill in your name as shown in the passport.
16については、記載欄が不足する場合は別紙に記入して添付すること。なお、「研修」、「技能実習」に係る申請の場合は、「在日親族」のみ記載してください。
Regarding item 16, if there is not enough space in the given columns to write in all of your family in Japan, fill in and attach a separate sheet.
In addition, take note that you are noted to fill in your family members in Japan for applications pertaining to "Trainee" or "Technical Intern Training".

（注）裏面参照の上、申請に必要な書類を作成して下さい。
Note : Please fill in forms required for application. (See notes on reverse side.)
（注）申請書に事実に反する記載をしたことが判明した場合には、不利益な扱いを受けることがあります。
Note : In case of to be found that you have misrepresented the facts in an application, you will be unfavorably treated in the process.

申請人等作成用 2　N（「高度専門職（1号イ・ロ）」・「高度専門職（2号）」（変更申請の場合のみ）・「研究」・「技術・人文知識・国際業務」・「介護」・「技能」・「特定活動（研究活動等）,（本邦大学卒業者）」）
For applicant, part 2 N ("Highly Skilled Professional(i)(a/b)" / "Highly Skilled Professional(ii)" (only in cases of change of status) /
"Researcher" / "Engineer / Specialist in Humanities / International Services" / "Nursing Care" / "Skilled Labor"/　　　　　在留期間更新・在留資格変更用
"Designated Activities(Researcher or IT engineer of a designated organization), (Graduate from a university in Japan)")　　For extension or change of status

17	勤務先　　Place of employment	※ (2)及び(3)については、主たる勤務場所の所在地及び電話番号を記載すること。 For sub-items (2) and (3), give the address and telephone number of your principal place of employment.

(1) 名称　Name　ABC合同会社　　　　支店・事業所名 Name of branch　東京オフィス

(2) 所在地　Address　東京都港区赤坂〇丁目〇〇番地〇〇号　　(3) 電話番号 Telephone No.　03-1234-5678

18　最終学歴（介護業務従事者の場合は本邦の介護福祉士養成施設について記入）

(1) ■ 本邦 Japan　　□ 外国 foreign country

(2) □ 大学院（博士）Doctor　□ 大学院（修士）Master　■ 大学 Bachelor　□ 短期大学 Junior college　□ 専門学校 College of technology
　　□ 高等学校 Senior high school　□ 中学校 Junior high school　□ その他（　　　　）Others

(3) 学校名 Name of school　ILS大学　　(4) 卒業年月日 Date of graduation　2021 年 Year　9 月 Month　30 日 Day

19　専攻・専門分野　Major field of study
（18で大学院（博士）～短期大学の場合）(Check one of the followings when the answer to the question 18 is from doctor to junior college)

□ 法学 Law　□ 経済学 Economics　□ 政治学 Politics　□ 商学 Commercial science　□ 経営学 Business administration　□ 文学 Literature
□ 語学 Linguistics　□ 社会学 Sociology　□ 歴史学 History　□ 心理学 Psychology　□ 教育学 Education　□ 芸術学 Science of art
□ その他人文・社会科学（　　　）Others(cultural / social science)　□ 理学 Science　□ 化学 Chemistry　■ 工学 Engineering
□ 農学 Agriculture　□ 水産学 Fisheries　□ 薬学 Pharmacy　□ 医学 Medicine　□ 歯学 Dentistry
□ その他自然科学（　　　　）Others(natural science)　□ 体育学 Sports science　□ 介護福祉 Nursing care and welfare　□ その他（　　　　　）Others

（18で専門学校の場合）
□ 工業 Engineering　□ 農業 Agriculture　□ 医療・衛生 Medical services / Hygienics　□ 教育・社会福祉 Education / Social welfare　□ 法律 Law
□ 商業実務 Practical commercial business　□ 服飾・家政 Dress design / Home economics　□ 文化・教養 Culture / Education　□ 介護福祉 Nursing care and welfare　□ その他（　　　　）Others

20　情報処理技術者資格又は試験合格の有無（情報処理業務従事者のみ記入）　　　　　　　　　有・無 Yes / No
　　Does the applicant have any qualifications for information processing or has he / she passed the certifying examination?
　　(when the applicant is engaged in information processing)
（資格名又は試験名）
(Name of the qualification or certifying examination)　　ITストラテジスト試験

21　職　歴　（外国におけるものを含む）　Work experience (including those in a foreign country)

入社 Date of joining the company		退社 Date of leaving the company		勤務先名称 Place of employment	入社 Date of joining the company		退社 Date of leaving the company		勤務先名称 Place of employment
年 Year	月 Month	年 Year	月 Month		年 Year	月 Month	年 Year	月 Month	
				無し					

22　代理人（法定代理人による申請の場合に記入）　Legal representative (in case of legal representative)

(1) 氏 名 Name　　　　　　　　　　(2) 本人との関係 Relationship with the applicant

(3) 住 所 Address

電話番号 Telephone No.　　　　　　　　携帯電話番号 Cellular Phone No.

以上の記載内容は事実と相違ありません。　I hereby declare that the statement given above is true and correct.
申請人（法定代理人）の署名／申請書作成年月日　Signature of the applicant (representative) / Date of filling in this form

B　　　　　　　　　　　　　　　　　　　　　　　　　　　　年 Year　　　月 Month　　　日 Day

注意　Attention
申請書作成後申請までに記載内容に変更が生じた場合，申請人（法定代理人）が変更箇所を訂正し，署名すること。
申請書作成年月日は申請人（法定代理人）が自署すること。
In cases where descriptions have changed after filling in this application form up until submission of this application, the applicant (representative)
must correct the part concerned and sign their name. The date of preparation of the application form must be written by the applicant (legal

※ 取次者
　Agent or other authorized person

C (1) 氏 名 Name　飯田哲也　　(2) 住 所 Address　東京都港区赤坂2丁目23番地1号

(3) 所属機関等（親族等については，本人との関係）　　　　　　電話番号
Organization to which the agent belongs(in case of a relative, relationship with the applicant) Telephone No.

行政書士飯田哲也事務所　　　　　　　03-6441-2423

「技術・人文知識・国際業務」在留資格変更許可申請書サンプル
所属機関等作成用 1

所属機関等作成用1　N（「高度専門職（1号イ・ロ）」・「高度専門職（2号）」（変更申請の場合のみ）・「研究」・「技術・人文知識・国際業務」・「介護」・「技能」・
「特定活動（研究活動等）,（本邦大学卒業者）」）
For organization, part 1 N ("Highly Skilled Professional(i)(a/b)" / "Highly Skilled Professional(ii)" (only in cases of change of status) /
"Researcher" / "Engineer / Specialist in Humanities / International Services" / "Nursing Care" / "Skilled Labor" /
"Designated Activities(Researcher or IT engineer of a designated organization), (Graduate from a university in Japan)")

在留期間更新・在留資格変更用
For extension or change of status

1　契約又は招へいしている外国人の氏名
　　Name and residence card of foreign national being offered a contract or invitation
　氏　名　　　　ILS, Anne Laura
　Name

2　契約の形態　Type of contract
　■　雇用　　　□　委任　　　□　請負　　　□　その他（　　　　　　　　　　）
　　　Employment　　Entrustment　　Service contract　　Others

3　所属機関等勤務先　The contracting organization such as the organization of affiliation
　※(1), (3), (4), (6)及び(9)については、主に勤務させる場所について記載すること。
　For sub-items (1),(3),(4),(6) and (9) ,fill in the information of principal place of employment where foreign national is to work.
　※国・地方公共団体、独立行政法人、公益財団・社団法人その他非営利目的の場合は(7)及び(8)の記載は不要。
　In cases of a national or local government, incorporated administrative agency, public interest corporation or foundation or some other nonprofit corporation, you are not required to fill in sub-items (7) and (8).

　(1)名称　　　　　　ABC合同会社　　　　　　　　(2)法人番号（13桁）Corporation no. (combination of 13 numbers and letters)
　　　Name　　　　　　　　　　　　　　　　　　　　　　1 2 3 4 5 6 7 8 9 1 0 1 1

　(3)支店・事業所名　　東京オフィス
　　　Name of branch

　(4)雇用保険適用事業所番号（11桁）※非該当事業所は記入省略
　　　Employment insurance application office number (11 digits) *If not applicable, it should be omitted.
　　9 8 7 6 - 5 4 3 2 1 0 - 0

　(5)業種　Business type
　　○主たる業種を別紙「業種一覧」から選択して番号を記入（1つのみ）
　　　Select the main business type from the attached sheet "a list of business type"　　　　　　　　　14
　　　and write the corresponding number (select only one)

　　○他に業種があれば別紙「業種一覧」から選択して番号を記入（複数選択可）　　　　　　　　N/A
　　　If there are another other business types, select from the attached sheet "a list of business type" and write the corresponding number (multiple answers possible)

　(6)所在地　　　東京都港区赤坂〇丁目〇〇番地〇〇号　　　電話番号
　　　Address　　　　　　　　　　　　　　　　　　　　　　Telephone No.　　　03-1234-5678

　(7)資本金　　　　5,000万　　　　円　　(8)年間売上高（直近年度）
　　　Capital　　　　　　　　　　　　　Yen　　Annual sales (latest year)　　　　10億　　　円
　　Yen

　(9)従業員数　　　　　　　300　　　　　名
　　　Number of employees
　　　外国人職員数　　　　　45　　　　　名　（このうち技能実習生）
　　　Number of foreign employees　　　　　　　Of which number, technical intern trainees　　　0　　名

4　就労予定期間　□定めなし　　　　■定めあり　（期間　　5　年　　0　月）
　　Period of work　Non-fixed　　　　Fixed　　　Period　　　Year　　Month

5　雇用開始(入社)年月日　　　　　　（未定の場合は以下のいずれかを選択）（If it is undecided, select one of the following.）
　　The start date of employment (entering a company)　　□　今次申請の許可を受け次第　　As soon as this application is approved.
　　　　　　　　　　　　　　　　　　　　　■　在籍する教育機関を卒業後，今次申請の許可を受け次第
　　未定　年　　　月　　　日　　　　　　　As soon as this application is approved after graduation from an educational institution in which the applicant is enrolled.
　　　　Year　　Month　　day　　　　　□　その他（　　　　　　　　　　　　　　　）
　　　　　　　　　　　　　　　　　　　　　Others

6　給与・報酬（税引き前の支払額）　※　各種手当（通勤・住宅・扶養等）・実費弁償の性格を有するものを除く。
　　Salary/Reward (amount of payment before taxes)　　Excludes various types of allowances (commuting,housing,dependents,etc.) and personal expenses.
　　3,500,000　円（　■　年額　　□　月額　）
　　　　　　　　Yen　　　Annual　　Monthly

7　実務経験年数　　　　　0　　年　　8　職務上の地位（役職名）　　　□　あり（　　　　　）　　■　なし
　　Business experience　　　　　　　　　Position(Title)　　　　　　　　Yes　　　　　　　　　No

9　職種　　○主たる職種を別紙「職種一覧」から選択して番号を記入（1つのみ）　　　　　　12
　　Occupation　Select the main type of work from the attached sheet "a list of occupation ", and fill in the number (select only one)

　　○「技術・人文知識・国際業務」「高度専門職」又は「特定活動」での在留を希望　　　　25
　　する場合で、他に職種があれば別紙「職種一覧」から選択して番号を記入（複数選択可）
　　If the applicant wishes to reside in Japan with the status of residence of "Engineer / Specialist in Humanities / International Services", "Highly Skilled Professional" or "Designated Activities", and will also
　　engage in other occupation, select from the attached sheet "a list of occupation" and write the corresponding number (multiple answers possible)

　(注意)　Attention
　・「研究」での在留を希望する場合は、別紙「職種一覧」の3,42～44,999から選択してください。
　　Those who wish to reside in Japan with "Researcher" should select from 3, 42 to 44 and 999 on the attached "a list of occupation".
　・「技術・人文知識・国際業務」での在留を希望する場合は、別紙「職種一覧」の2～18,24～31,51～54,999から選択してください。
　　Those who wish to reside in Japan with "Engineer / Specialist in Humanities / International Services" should select from 2 to 18, from 24 to 31, from 51 to 54 and 999 on the attached "a list of occupation".
　・「技能」での在留を希望する場合は、別紙「職種一覧」の32～40,999から選択してください。
　　Those who wish to reside in Japan with "Skilled Labor" should select from 32 to 40 and 999 on the attached "a list of occupation".
　・「介護」での在留を希望する場合は、別紙「職種一覧」の「41 介護福祉士」を選択してください。
　　Those who wish to reside in Japan with "Nursing Care" should select from "41.Certified care worker" on the attached "a list of occupation".
　・「特定活動（特定研究等活動（告示36号）及び特定情報処理活動（告示37号））での在留を希望する場合は、別紙「職種一覧」
　　の12,42～44,999から選択してください。
　　Those who wish to reside in Japan as "Designated Activities" (Designated Academic Research Activities (Public Notice 36) or Designated Information Processing Activities (Public Notice 37)) should select from 12, 42 to 44 and 999 on the
　　attached "a list of occupation".
　・「特定活動」（本邦大学卒業者・告示46号）」での在留を希望する場合は、別紙「職種一覧」の2,4～18,24～31,51～54,999から選択してください。
　　Those who wish to reside in Japan as "Designated Activities(Graduated from a university) should select from 2,4 to 18,from 24 to 31, from 51 to 54 and 999 on the attached "a list of occupation".
　・「高度専門職」での在留を希望する場合は、別紙「職種一覧」の2～18,24～44,999から主たる職務内容として選択した上で、併せて関連する事業を自
　　ら経営する活動を行う場合、他の職種として「1 経営」から選択してください。
　　Those who wish to reside in Japan as "Highly Skilled Professional" should select from 2 to 18, from 24 to 44 and 999 on the attached "a list of occupation" as the main contents of their duties and concurrently select *1
　　Business Management" as another occupation if they carry out activities to operate a related business themselves.

10　活動内容詳細　Details of activities
　　　　クライアント企業向けIT戦略プロジェクトにおける，システムエンジニアリング業務
　　　　海外クライアントに向けた通訳翻訳業務

「技術・人文知識・国際業務」在留資格変更許可申請書サンプル
所属機関等作成用２

所属機関等作成用 2 　 N （「高度専門職（1号イ・ロ）」・「高度専門職（2号）」（変更申請の場合のみ）・「研究」・「技術・人文知識・国際業務」・「介護」・「技能」・「特定活動（研究活動等）,（本邦大学卒業者）」）
For organization, part 2 N("Highly Skilled Professional(i)(a/b)" / "Highly Skilled Professional(ii)" (only in cases of change of status) /
"Researcher" / "Engineer / Specialist in Humanities / International Services" / "Nursing Care" / "Skilled Labor"/　　　在留期間更新・在留資格変更用
"Designated Activities(Researcher or IT engineer of a designated organization), (Graduate from a university in Japan)")　For extension or change of status

11	派遣先等（人材派遣の場合又は勤務地が3と異なる場合に記入）

Dispatch site (Fill in the following if your answer to question 3-(4) is "Dispatch of personnel" or if the place of employment differs from that given in 3)

(1)名称　　　　　　　　　　　　　　　　　　(2)法人番号（13桁）　Corporation no. (combination of 13 numbers and letters)
　　Name

(3)支店・事業所名
　　Name of branch

(4)雇用保険適用事業所番号（11桁）※非該当事業所は記入省略
　　Employment insurance application office number (11 digits) *If not applicable, it should be omitted.

(5)業種　　Business type
　　○ 主たる業種を別紙「業種一覧」から選択して番号を記入（1つのみ）
　　　　Select the main business type from the attached sheet "a list of business type " and write the corresponding number (select only one)
　　○ 他に業種があれば別紙「業種一覧」から選択して番号を記入（複数選択可）
　　　　If there are other business types, select from the attached sheet "a list of business type " and write the corresponding number (multiple answers possible)

(6)所在地
　　Address
　　電話番号
　　Telephone No.

(7)資本金　　　　　　　　　　　　　　円
　　Capital　　　　　　　　　　　　　　Yen

(8)年間売上高（直近年度）　　　　　　円
　　Annual sales (latest year)　　　　　Yen

(9)派遣予定期間
　　Period of dispatch

D	以上の記載内容は事実と相違ありません。　　I hereby declare that the statement given above is true and correct.

所属機関等契約先の名称，代表者氏名の記名／申請書作成年月日
Name of the contracting organization and its representative of the organization　／　Date of filling in this form

ABC合同会社
代表社員　佐藤太郎　　　　　　　　2021　年 Year　9　月 Month　15　日 Day

注意　　Attention
申請書作成後申請までに記載内容に変更が生じた場合，所属機関等が変更箇所を訂正すること。
In cases where descriptions have changed after filling in this application form up until submission of this application, the organization must correct the changed part.

※　所属機関等作成用2の申請書は，11に該当しない場合でも，提出してください。
Note : Please submit this sheet, even if you are not required to fill in item 11.

申請人等作成用 2

18. 最終学歴（介護業務従事者の場合は本邦の介護福祉士養成施設について記入）

　該当する学歴にチェックをつけ，正式な学校名，卒業年月日を記入する。

　現在，留学の在留資格を有している申請人が卒業見込で申請をする場合，卒業年月日に「卒業見込み」と記入する。

（4）在留期間更新許可申請書サンプル

> 　日本で「技術・人文知識・国際業務」の在留資格をもって就労している David の在留期間の期限がせまっています。
> 　引き続き，同じ在留資格で就労するため，在留期間更新許可申請をする必要があります。

在留期間更新許可申請書（技術・人文知識・国際業務）書き方のポイント

　在留資格変更許可申請書と在留期間更新許可申請書の所属機関等作成用 1～2 の書式は同一のものとなります。サンプルと書き方のポイントについては，在留資格変更許可申請書を参照してください。また，在留期間更新許可申請書の書き方のポイントは以下のとおりですが，記述のない項目に関しては，在留資格認定証明書交付申請書，在留資格変更許可申請書を参考にしてください。

申請人等作成用 1

14. 更新の理由

　更新申請が必要な理由を記入する。

　例）引き続き ABC 株式会社で就労する為

別記第三十号の二様式（第二十一条関係）
申請人等作成用 1
For applicant, part1

日本国政府法務省
Ministry of Justice,Government of Japan

在 留 期 間 更 新 許 可 申 請 書
APPLICATION FOR EXTENSION OF PERIOD OF STAY

法 務 大 臣 殿
To the Minister of Justice

A
写 真
Photo
40mm × 30mm

出入国管理及び難民認定法第21条第2項の規定に基づき、次のとおり在留期間の更新を申請します。
Pursuant to the provisions of Paragraph 2 of Article 21 of the Immigration Control and Refugee Recognition Act,
I hereby apply for extension of period of stay.

1 国 籍・地 域 Nationality/Region　アメリカ合衆国

2 生年月日 Date of birth　1980 年Year　5 月Month　5 日Day

3 氏 名 Name　ILS, David
　Family name　　　Given name

4 性 別 Sex　男・女 Male/Female

5 配偶者の有無 Marital status　有・無 Married / Single

6 職 業 Occupation　会社員

7 本国における居住地 Home town/city　New York, U.S.A.

8 住居地 Address in Japan　東京都港区赤坂○丁目○○番地○○号

9 電話番号 Telephone No.　無し

携帯電話番号 Cellular phone No.　090-1234-5678

10 旅券 Passport　(1)番 号 Number　12345678

(2)有効期限 Date of expiration　2035 年Year　12 月Month　25 日Day

11 現に有する在留資格 Status of residence　技術・人文知識・国際業務

在留期間 Period of stay　5年

在留期間の満了日 Date of expiration　2026 年Year　12 月Month　1 日Day

12 在留カード番号 Residence card number　△△22345678△△

13 希望する在留期間 Desired length of extension　5年
（審査の結果によって希望の期間とならない場合があります。）
(It may not be as desired after examination.)

14 更新の理由 Reason for extension　引き続きABC株式会社にて勤務を継続するため

15 犯罪を理由とする処分を受けたことの有無（日本国外におけるものを含む。）※交通違反等による処分を含む。
Criminal record (in Japan / overseas)※Including dispositions due to traffic violations, etc.
有（具体的内容 Yes (Detail:　　　　　　　　　　　　　　　　　　） ・ 無) / No

16 在日親族（父・母・配偶者・子・兄弟姉妹・祖父母・叔(伯)父・叔(伯)母など）及び同居者
Family in Japan (father, mother, spouse, children, siblings,grandparents, uncle, aunt or others) and cohabitants
有（「有」の場合は、以下の欄に在日親族及び同居者を記入してください。） ・ 無
Yes (If yes, please fill in your family members in Japan and co-residents in the following columns) / No

続 柄 Relationship	氏 名 Name	生年月日 Date of birth	国籍・地域 Nationality/Region	同居の有無 Residing with applicant or not	勤務先名称・通学先名称 Place of employment/ school	在 留 カ ー ド 番 号 特別永住者証明書番号 Residence card number Special Permanent Resident Certificate number
配偶者	ILS, Anne Laura	1980/7/7	アメリカ合衆国	有・無 Yes / No	ABC合同会社	△△12345678△△
子	ILS, Lynn	2015/3/3	アメリカ合衆国	有・無 Yes / No	DEF保育園	△△32345678△△
				有・無 Yes / No		
				有・無 Yes / No		
				有・無 Yes / No		
				有・無 Yes / No		

※ 3について、有効な旅券を所持する場合は、旅券の身分事項ページのとおりに記載してください。
Regarding item 3, if you possess your valid passport, please fill in your name as shown in the passport.
16については、記載欄が不足する場合は別紙に記入して添付すること。なお、「研修」,「技能実習」に係る申請の場合は、「在日親族」のみ記載してください。
Regarding item 16, if there is not enough space in the given columns to write in all of your family in Japan, fill in and attach a separate sheet.
In addition, take note that you are not allowed to fill in your family members in Japan for applications pertaining to "Trainee" or "Technical Intern Training".

（注）裏面参照の上、申請に必要な書類を作成して下さい。
Note : Please fill in forms required for application. (See notes on reverse side.)
（注）申請書に事実に反する記載をしたことが判明した場合には、不利益な扱いを受けることがあります。
Note : In case of to be found that you have misrepresented the facts in an application, you will be unfavorably treated in the process.

「技術・人文知識・国際業務」在留期間更新許可申請書サンプル
申請人等作成用 2

申請人等作成用 2　　N（「高度専門職（1号イ・ロ）」・「高度専門職（2号）」（変更申請の場合のみ）・「研究」・「技術・人文知識・国際業務」・
「介護」・「技能」・「特定活動（研究活動等）」,（本邦大学卒業者）」）
For applicant, part 2 N ("Highly Skilled Professional(i)(a／b)" / "Highly Skilled Professional(ii)" (only in cases of change of status) /
"Researcher" / "Engineer / Specialist in Humanities / International Services" / "Nursing Care" / "Skilled Labor"／　　　　在留期間更新・在留資格変更用
"Designated Activities(Researcher or IT engineer of a designated organization), (Graduate from a university in Japan)")　　For extension or change of status

17	勤務先　　　　　　　　　　　　　　　※ （2）及び（3）については,主たる勤務場所の所在地及び電話番号を記載すること。		
	Place of employment　　　　　　　For sub-items (2) and (3), give the address and telephone number of your principal place of employment.		

（1）名称　　　　　　　ABC株式会社　　　　　支店・事業所名　　　　　　　　　本社
　　 Name　　　　　　　　　　　　　　　　　　　Name of branch
（2）所在地
　　 Address　　東京都港区赤坂○丁目○○番地○○号　　（3）電話番号　　　03-1234-5678
　　　　　　　　　　　　　　　　　　　　　　　　　　　 Telephone No.

18　最終学歴（介護業務従事者の場合は本邦の介護福祉士養成施設について記入）
　 （1）□ 本邦　　■ 外国
　　　　　Japan　　foreign country
　 （2）□ 大学院（博士）　　□ 大学院（修士）　　■ 大学　　　　　□ 短期大学　　　　　□ 専門学校
　　　　　　Doctor　　　　　　　Master　　　　　　Bachelor　　　　Junior college　　　College of technology
　　　　□ 高等学校　　　　　□ 中学校　　　　　　□ その他（　　　　　　　　　　　　　　　　　）
　　　　　Senior high school　　Junior high school　　　Others
　 （3）学校名　　　　　　University of ILS　　　　（4）卒業年月日　2003　年　3　月　31　日
　　　　 Name of school　　　　　　　　　　　　　　　　 Date of graduation　　　Year　　　Month　　　Day

19　専攻・専門分野　Major field of study
　（18で大学院（博士）～短期大学の場合）　(Check one of the followings when the answer to the question 18 is from doctor to junior college)
　□ 法学　　　　　□ 経済学　　　　□ 政治学　　　□ 商学　　　　　　　　□ 経営学　　　　□ 文学
　　 Law　　　　　　 Economics　　　　Politics　　　Commercial science　Business administration　Literature
　□ 語学　　　　　□ 社会学　　　　□ 歴史学　　　□ 心理学　　　　□ 教育学　　　　□ 芸術学
　　 Linguistics　　　Sociology　　　　History　　　Psychology　　　Education　　　Science of art
　□ その他人文・社会科学（　　　　　　　　）　□ 理学　　　　□ 化学　　　　■ 工学
　　 Others(cultural / social science)　　　　　　Science　　　Chemistry　　　Engineering
　□ 農学　　　　　□ 水産学　　　　□ 薬学　　　　□ 医学　　　　□ 歯学
　　 Agriculture　　　Fisheries　　　　Pharmacy　　　Medicine　　　Dentistry
　□ その他自然科学（　　　　　　　　　）　□ 体育学　　□ 介護福祉　　□ その他（　　　　　　　　　　）
　　 Others(natural science)　　　　　　　　　 Sports science　Nursing care and welfare　Others
　（18で専門学校の場合）
　□ 工業　　　　　□ 農業　　　　　□ 医療・衛生　　　　　　　□ 教育・社会福祉　　　　□ 法律
　　 Engineering　　　Agriculture　　　Medical services / Hygienics　Education / Social welfare　Law
　□ 商業実務　　　□ 服飾・家政　　□ 文化・教養　　□ 介護福祉　　□ その他　（　　　　　　）
　　 Practical commercial business　Dress design / Home economics　Culture / Education　Nursing care and welfare　Others

20　情報処理技術者資格又は試験合格の有無（情報処理業務従事者のみ記入）　　　　　　　　　有・無
　　 Does the applicant have any qualifications for information processing or has he / she passed the certifying examination?　　Yes / No
　　（when the applicant is engaged in information processing）
　　（資格名又は試験名）
　　（Name of the qualification or certifying examination）

21　職　歴　（外国におけるものを含む）　Work experience (including those in a foreign country)

入社		退社		勤務先名称	入社		退社		勤務先名称
Date of joining the company		Date of leaving the company		Place of employment	Date of joining the company		Date of leaving the company		Place of employment
年	月	年	月		年	月	年	月	
Year	Month	Year	Month		Year	Month	Year	Month	
2021	12	Present		ABC株式会社					
2005	4	2021	11	ABC US Limted					
2003	4	2005	3	DEF Company Limted					

22　代理人（法定代理人による申請の場合に記入）　Legal representative (in case of legal representative)
　 （1）氏 名　　　　　　　　　　　　　　　　　（2）本人との関係
　　　　 Name　　　　　　　　　　　　　　　　　　Relationship with the applicant
　 （3）住 所
　　　　 Address
　　　　電話番号　　　　　　　　　　　　　　　　携帯電話番号
　　　　Telephone No.　　　　　　　　　　　　　　Cellular Phone No.

　　以上の記載内容は事実と相違ありません。　I hereby declare that the statement given above is true and correct.
　　申請人（法定代理人）の署名／申請書作成年月日　Signature of the applicant (representative) / Date of filling in this form
　　　　　　　　　　　　　　　　　　　　　　　　　　　　　　　　　　年　　　　月　　　　日
　　　　　　　　　　　　　　　　　　　　　　　　　　　　　　　　　Year　　　Month　　Day

B

注意　Attention
申請書作成後申請までに記載内容に変更が生じた場合,申請人（法定代理人）が変更箇所を訂正し,署名すること。
申請書作成年月日は申請人（法定代理人）が自署すること。
In cases where descriptions have changed after filling in this application form up until submission of this application, the applicant (representative)
must correct the part concerned and sign their name.The date of preparation of the application form must be written by the applicant (legal

※　取次者
　　Agent or other authorized person
　（1）氏 名　　　　飯田哲也　　　　　　（2）住 所　　　　東京都港区赤坂2丁目23番地1号
C　　 Name　　　　　　　　　　　　　　　　 Address
　（3）所属機関等（親族等については,本人との関係）　　　　　電話番号
　　　 Organization to which the agent belongs(in case of a relative, relationship with the applicant) Telephone No.
　　　　　　　　行政書士飯田哲也事務所　　　　　　　　　　　03-6441-2423

Ⅱ　提出資料の書式見本

　申請書に添付する提出資料には一部の例外を除いて法務省が指定する書式は
なく，申請人側で比較的自由に作成することが可能です。ここで認識しておく
べきことは，申請する在留資格に対して在留資格該当性・基準適合性の立証が
書面上で十分になされているか，という点です。前述のとおり法務省が求める
書類を全部提出することが目的なのではなく，その提出資料によって在留資格
該当性・基準適合性等があるという点を入管に立証する目的で書類を作成する
ということを忘れないようにしてください。

　例えば，「技術・人文知識・国際業務」の申請書に添付する「職務内容証明
書」を作成するときは，申請人の職務が「技術・人文知識・国際業務」の在留
資格が想定するいわゆる専門的・技術的な内容になっていることを意識しつつ
作成する必要があります。また，基準省令上，「日本人が従事する場合に受け
る報酬と同等額以上の報酬を受けること。」とあるので，申請人の報酬額の記
載は必須で，かつその報酬額が申請人の地位と職務内容から見てあまりにも低
い金額になっていないか確認してください。

☑ Point

　提出資料は，在留資格該当性・基準適合性等があることを立証する目的を持って
作成する。

　行政書士側では提出が必要な提出資料を全部そろえて提出したつもりでも，
審査官がその書類が法務省の提出資料リストのどの資料のつもりで出されたの
かわからないことがあります。例えば，「企業内転勤」の在留資格を申請する際，
派遣元である外国の本店から申請人に転勤を命ずる書面を出してもらっていた
としても，その資料のタイトルが法務省の提出資料リストのとおり「転勤命令
書」あるいは「辞令」となっているとは限りません。よくあるのは，英語で
「Offer Letter」と書かれていたり，あるいは特にタイトルが付いていないこと
もあります。このような場合，これをそのまま提出してしまうと審査官にはこ
の書類が何のために提出されたのかが伝わらず，「転勤命令書」や「辞令」が提

出されていないと判断されてしまうおそれがあります。このようなことを防止するため，提出書類には手書き又は付箋をつけてタイトルを書き入れるようにし，その書類が法務省の提出資料リストにあるうち，どの書類に該当するかがひと目でわかる状態にした上で提出しましょう。例えば，英文のオファーレターが出ている場合は，書類上部の欄外に赤字などで「派遣元発行の転勤命令書」等と書き込んで，この書類が「転勤命令書」にあたることが審査官に伝わるようにしてください。

☑ Point

　提出する書類が法務省の提出資料リストのどの資料に該当するか，審査官に伝わるように工夫する。

　以下に，書式見本のサンプルを掲載しますので参考にしてください。

申　請　理　由　書

法務大臣　殿

2019 年　　月　　日

所在地　東京都港区○○１丁目２番３号
会社名　株式会社○○○
役職名　代表取締役社長　　○○○

印

（申請人）
氏　　　名
国　　　籍
生 年 月 日

　今般，上記申請人を採用することになりましたので，在留資格認定証明書交付申請を
させていただきます。

1．所属機関について
　当社は，自動車その他輸送機器の部品及びアクセサリーの製造業を行っております。
　当社の具体的な事業内容は以下の通りです。

1．自動車その他輸送機器の部品の設計開発製造及び販売
2．自動車用車載アクセサリー機器の企画開発製造及び販売
3．海外で製造された輸送機器用部品・自動車用車載アクセサリーの輸入販売

　当社は，日本のみならず海外の自動車メーカーその他輸送機器製造事業者の委託を受け，
自動車部品等を設計開発し，さらにこれを自社工場で製造し販売（一部は輸出）してお
ります。
　また，当社の商標である○○○○ブランドの自動車用車載アクセサリーを自社で企画
開発して，自動車ディーラーや家電量販店等を通じて販売しております。
　当社の昨年度の売上は約 60 億円，営業利益は約 3 億円であり，事業の継続性・安定
性に全く問題はございません。
　また，日本国の法令を遵守して適正に運営しております。
　さらに，当社は，就労可能な在留資格を有する外国人を多数名雇用しており，適正な
雇用管理を行いつつ本邦にて就労させております。
　そこで，当社は適法かつ継続性・安定性を以って運営される本邦の公私の機関と言え，
申請人に就労可能な在留資格を許可して頂けましたら，以後適正な雇用管理体制の下で
就労させることを確約致します。

2．申請人の地位，職務内容，就労予定期間，報酬
　上記申請人は，貴局より就労可能な在留資格を許可されることを条件に，正社員とし
て当社にて就労します。申請人の職務上の地位，職務内容，就労予定期間，給与・報酬は，
以下の通りです。

```
地　　位：正社員（常勤）
職務内容：1．自動車部品その他輸送機器用部品の設計開発業務
　　　　　2．当社顧客に対する技術サポート業務
期　　間：期限の定めなし
　　　　　但し，就労可能な在留資格が許可されることを条件とする。
報　　酬：年俸 600 万円
```

3．申請人の活動の資格該当性

　申請人は，当社との雇用契約に基づき，当社にて自動車部品その他輸送機器用部品の設計開発業務及び当社顧客に対する技術サポート業務に従事します。この業務は，機械工学等自然科学の分野に属する高度な技術及び専門知識を必要とするものです。そこで，申請人が本邦において従事する活動は，入管法別表第一の二の表の「技術・人文知識・国際業務」の項の下欄に掲げる活動の「本邦の公私の機関との契約に基づいて行う理学，工学その他の自然科学の分野若しくは法律学，経済学，社会学その他の人文科学の分野に属する技術若しくは知識を要する業務又は外国の文化に基盤を有する思考若しくは感受性を必要とする業務に従事する活動（一の表の教授の項，芸術の項及び報道の項の下欄に掲げる活動並びにこの表の経営・管理の項から教育の項まで，企業内転勤の項及び興行の項の下欄に掲げる活動を除く。）」に該当します。

4．基準省令適合性

　申請人は，当社において自動車部品その他輸送機器用部品の設計開発業務及び当社顧客に対する技術サポート業務に従事します。このうち自動車部品その他輸送機器用部品の設計開発業務には機械工学等の高度な技術と専門知識が不可欠です。また，当社顧客に対する技術サポート業務も，顧客であるメーカーの技術的ニーズを理解し，当社製品に関する専門的知識を用いて顧客に対して技術的なアドバイスや支援をするものですので，やはり機械工学等の技術・知識が不可欠です。

　申請人は，○○大学で機械工学を専攻し，2010 年 3 月 25 日に学士号を得て大学を卒業しております。そのため，申請人は「出入国管理及び難民認定法第七条第一項第二号の基準を定める省令」（以下，「基準省令」）の「一　申請人が自然科学又は人文科学の分野に属する技術又は知識を必要とする業務に従事しようとする場合は，従事しようとする業務について，これに必要な技術又は知識を　イ　当該技術若しくは知識に関連する科目を専攻して大学を卒業し，又はこれと同等以上の教育を受けたことにより，修得していること。」という基準に適合します。

　次に，当社は申請人に対し，年間 600 万円の報酬を支払いますが，これは所属機関である株式会社ABCにおいて申請人と同様の経歴を有する日本人社員が同種の職務に従事するのと同等以上の金額です。そこで，申請人は基準省令の「三　日本人が従事する場合に受ける報酬と同等額以上の報酬を受けること。」という基準にも適合します。

　以上より，申請人は，「技術・人文知識・国際業務」の基準省令適合性を有しております。

5．結論

　以上の通り，申請人は，「技術・人文知識・国際業務」の在留資格に該当する活動に従事する予定であり，かつ「技術・人文知識・国際業務」の在留資格の基準省令適合性を有しております。また，申請人は，正社員として当社にて長期的に就労する予定ですので，最長である 5 年の在留期間を許可して下さいますようお願い致します。

以上

理 由 書

法務大臣　殿

2019年　　　月　　　日

所在地：
会社名：○○○株式会社　　　　　印
役職名：代表取締役　○○○

　　　（申請人）
　　　氏　　名
　　　国　　籍　中華人民共和国
　　　生年月日

　当社は，今般上記申請人を採用することを決定致しました。上記申請人は当社にて契約社員として勤務する予定ですので，在留資格認定証明書を交付して頂きたく，以下申請理由を説明致します。

I　所属機関について
　当社は，海外ブランド商品の小売業を営んでおります。
　当社は，「AAA」「BBB」「CCC」「DDD」等の海外有名ブランドの輸入販売権を有しており，ブランド各社の個性やポリシーを活かしつつ販売戦略立案，宣伝広告，店舗展開と運営等を行っております。
　当社の昨年度の売上は約＿＿＿＿億円，営業利益は約＿＿＿＿億円となっております。昨今の訪日外国人の増加に伴い，海外ブランド企業から輸入販売権を得て正規品を取り扱う当社店舗における売上は，過去3年間で毎年約10％ずつ増加し続けております。
　当社の常勤職員数は約100名で，加えて店舗スタッフとして多数の非常勤スタッフを雇用しております。当社は，就労可能な在留資格を有する外国人を複数名雇用しており，適正な雇用管理を行いつつ本邦にて就労させております。
　このように，当社は適法かつ継続性・安定性を以って運営されており，就労可能な在留資格をご許可頂けましたら申請人を適切な雇用管理のもとで就労させます。

II　申請人の地位，職務内容，就労予定期間，報酬
　上記申請人は，貴局より就労可能な在留資格を許可されることを条件に，契約社員として当社にて就労します。申請人の職務上の地位，職務内容，就労予定期間，給与・報酬は，以下の通りです。

　　　地　　位：契約社員（常勤）
　　　職務内容：中国語圏の外国人顧客と当社日本人スタッフの間の日中翻訳・通訳業務
　　　期　　間：1年間（双方の合意により更新可能）
　　　　　　　　但し，就労可能な在留資格が許可されることを条件とする。
　　　報　　酬：月額25万円

1．申請人の活動の資格該当性

　申請人は，中国語圏の外国人顧客と当社日本人スタッフの間の日中翻訳・通訳業務に従事します。このような業務は，入管法別表第一の二の表の「技術・人文知識・国際業務」の項の下欄に掲げる活動の「本邦の公私の機関との契約に基づいて行う理学，工学その他の自然科学の分野若しくは法律学，経済学，社会学その他の人文科学の分野に属する技術若しくは知識を要する業務又は外国の文化に基盤を有する思考若しくは感受性を必要とする業務に従事する活動（一の表の教授の項，芸術の項及び報道の項の下欄に掲げる活動並びにこの表の経営・管理の項から教育の項まで，企業内転勤の項及び興行の項の下欄に掲げる活動を除く。）」の中でも「外国の文化に基盤を有する思考若しくは感受性を必要とする業務に従事する活動」に該当します。

2．基準省令適合性

　前述の通り，申請人は当社において中国語圏の外国人顧客と当社日本人スタッフの間の日中翻訳・通訳業務に従事する予定です。

　従って，申請人が行う業務は，出入国管理及び難民認定法第七条第一項第二号の基準を定める省令（以下，「基準省令」）の「二　申請人が外国の文化に基盤を有する思考又は感受性を必要とする業務で，イ翻訳，通訳，語学の指導，広報，宣伝又は海外取引業務，服飾若しくは室内装飾に係るデザイン，商品開発その他これらに類似する業務」にあたります。

　そして，申請人は中国の○○大学にて歴史学を専攻し，＿＿＿＿＿＿年＿月＿日に学士号を取得して卒業しております（添付の学位証明書，卒業証明書参照）。

　従って，申請人は，基準省令の「ロ　従事しようとする業務に関連する業務について三年以上の実務経験を有すること。ただし，大学を卒業した者が翻訳，通訳又は語学の指導に係る業務に従事する場合は，この限りでない。」の中の「大学を卒業した者が翻訳，通訳又は語学の指導に係る業務に従事する場合」という基準に適合します。

　さらに，申請人は，月額 25 万円の報酬を受けますが，これは大学を卒業して当社に入社する日本人社員が同種の職務に従事する場合と同等の金額です。そこで，申請人は，「申請人は日本人が従事する場合に受ける報酬と同等額以上の報酬を受けること。」という基準にも適合します。

　以上より，申請人の活動は，「技術・人文知識・国際業務」の活動に該当し，かつ基準省令にも適合しておりますので，どうぞ申請人に「技術・人文知識・国際業務」の在留資格認定証明書をご交付頂きますようお願い致します。

以上

Please paste a company letter head here

Certificate

Date:

Name:

Nationality:

Date of Birth:

This is to certify that we have entered into a contract with the above person under the terms and conditions:

Terms and Conditions

Position:

Duties:

Period of Duty: X years (with possible extension upon mutual consent, provided that the work visa is granted)

Annual Remuneration: yen

Sign _____
Name:
Title:
Address:
Company Name:

御社のロゴをお入れ下さい

職 務 内 容 証 明 書

年　　月　　日

所　在：

会社名：　　　　　　　　　　　　　　　㊞

役職及び氏名：

氏　　　名

国　　　籍

生 年 月 日

今般上記の者を下記の条件にて採用することに決定したことを証明します。

記

地　　　位：

職務内容：

期　　　間：Ｘ年間（双方の同意により延長可能）
　　　　　　但し，就労可能な在留資格が許可されることを条件とする。

報　　　酬：年俸　　　　　　　円

索　引

参考文献

『ひと目でわかる　外国人の入国・在留案内─外国人の在留資格一覧─』（出入
　国管理関係法令研究会編，日本加除出版）
　　出入国在留管理庁の職員の方々も使用。

『注解・判例　出入国管理実務六法〔平成 31 年版〕』（出入国管理法令研究会編，日
　本加除出版）
　　本書も出入国在留管理庁で使用されている。本書記載の法令解釈は判例に準
　拠。

『入国・在留審査要領』（法務省）
　　出入国在留庁管理庁職員向けのマニュアルのようなもので入管実務家にとっ
　て最も詳細な情報のリソースと言える。もっとも，出入国在留管理庁の職員は
　必ずしもこの審査要領に従って審査していないと感じる。法務省に対する情報
　公開請求で入手可能。一部都道府県行政書士会では，情報公開請求で取得し会
　員に公開している。

著者プロフィール ◇

行政書士　飯田哲也

　早稲田大学法学部卒業後，渉外司法書士事務所で外資系企業担当をつとめる。

　2004 年に開業し，在留資格申請の他，外国会社の日本子会社設立，外資系企業の各種ビジネスライセンス申請，クロスボーダー取引の契約書作成など渉外業務に特化して業務を行う。

行政書士　飯田哲也事務所（ILS-INCONTROL）

　東京都港区赤坂 2 丁目 23-1　アークヒルズフロントタワー RoP806 号

　電話番号：03-6441-2423

執筆協力 ◇

井上実由紀

井上律子

遠藤栄依子

岡田ファラシャーフィック

大島史任

荻野朋美

佐藤佳代

佐々木仁

清水千鶴

多田粛

朴銀花

村山真以

丸山光衣

行政書士実務の教科書
外国人就労のための入管業務　入門編〔第2版〕

2019年11月15日　初版発行
2021年12月15日　第2版第1刷発行
2023年 6 月15日　第2版第2刷発行
2024年10月30日　第2版第3刷発行

著　者　飯田哲也

発行者　大坪克行

発行所　株式会社 税務経理協会
　　　　〒161-0033東京都新宿区下落合1丁目1番3号
　　　　http://www.zeikei.co.jp
　　　　03-6304-0505

整　版　美研プリンティング株式会社

印　刷　光栄印刷株式会社

製　本　牧製本印刷株式会社

デザイン　原宗男

本書についての
ご意見・ご感想はコチラ

http://www.zeikei.co.jp/contact/

ISBN 978-4-419-06840-0　C3032

© 飯田哲也　2021 Printed in Japan